JN335176

動きの「感じ」と「気づき」を大切にした
陸上運動の授業づくり

細江文利・鈴木直樹・成家篤史・田中勝行・寺坂民明・濱田敦志 編

教育出版

執筆者一覧 (50音順) ＊…編者

有川 秀之	埼玉大学 教授
石黒 和仁	新潟県上越市立大町小学校 教諭
石塚 諭	お茶の水女子大学附属小学校 教諭
伊藤 章	大阪体育大学 教授
梅澤 秋久	帝京大学 准教授
大橋 潔	広島県廿日市市立浅原小学校 教諭
岡野 昇	三重大学 教授
齋地 満	埼玉県北本市立中丸東小学校 教諭
塩澤 榮一	埼玉県入間市立金子小学校 教頭
白旗 和也	国立教育政策研究所 教育課程調査官
鈴木 理	日本大学 教授
＊鈴木 直樹	東京学芸大学 准教授
須山 千才	長野県中野市立中野小学校 教諭
田島 香織	東京学芸大学 大学院生
田附 俊一	同志社大学 教授
＊田中 勝行	埼玉県さいたま市立大宮東小学校 教諭
＊寺坂 民明	埼玉県飯能市立富士見小学校 教諭
＊成家 篤史	お茶の水女子大学附属小学校 教諭
＊濱田 敦志	千葉県千葉市立稲丘小学校 教諭
＊細江 文利	前 東京学芸大学 教授
松本 邦文	埼玉県東松山市立総合教育センター 専門員
宮内 建治	広島県呉市立白岳小学校 教諭
森 博文	京都女子大学 准教授
山崎 大志	埼玉県入間市立藤沢北小学校 教諭
湯口 雅史	徳島県徳島市八万南小学校 教諭
米田 和雄	広島県呉市立吉浦小学校 教諭
リチャード・ライト	バララット大学 教授

　　　　　は　じ　め　に

　初任者として赴任した学校での４月，初めて受け持ったクラスの子どもたちとのであいは，今でも鮮明に覚えています。
　当時，20歳代半ばの若さだった私が受け持ったクラスの子どもたちの目は，期待とうれしさで満ちあふれていました。私は教室に入った瞬間，その集まった視線にたじろぎ，前の晩に考えてきたあいさつの言葉を忘れ，緊張のあまり頭の中が真っ白になるほどでした。そして，「先生」と呼ばれたことに喜びと責任の重さを感じたのでした。
　教師という仕事をしていると，子ども，保護者，地域の方，同僚など多くの方々から「先生，先生」と呼ばれます。はじめは喜びと責任の重さを感じたその呼ばれ方にも，数年経ってくると次第に慣れてゆき，さらに，私のような未熟な者は初心の謙虚さも忘れていくのです。
　私の教師生活は埼玉県の公立学校でスタートしました。当時，埼玉県に初任者として配属されると埼玉県教育委員会が作成した『教師となって　第一歩』という本が渡され，それをもとに初任者研修が行われました。私は今でも時々，その本を手にすることがあります。
　『教師となって　第一歩』には，地理学者三沢勝衛氏の言葉が載っています。その言葉は以下のとおりです。
　　「教育は教えるのではなく，学ばせるのである。その学び方を指導するのである。背負って川を渡らせるのではない。手を引いて渡らせるのである」
　この言葉が意味するところは，三沢氏によると「背負われて川を渡った子どもは，川の流れや川の底の様子は目で確かめられはしたものの，実際には川がどんな状態だったのか分からなかったはずです。一方，手を引かれて渡った子どもは，川の流れや川底の状態を身をもって味わい，実感できたのではないか」と述べられています。そして，次にこのような状態に遭遇したときに，自分の力で渡りきることができる子になると考えられています。また，手を引かず，

ただ岸から見守るだけでは子どもは川に流されてしまう危険があり，これも不適切，と書かれていました。
　私自身，体育の授業を行うときに，子どもたちに運動の魅力を「教える」のではなく，「学ばせたい」と願っています。というよりは，そもそも運動の魅力など教えられないと考えています。だから，子どもたちを運動の魅力へと，目には見えない手を引いて誘っていきたいと考えています。
　その運動の魅力をとらえるためには，山の頂上にいろいろな道から登ることができるように，さまざまなアプローチの仕方があるように思われます。しかし，私は運動の魅力をシンプルに考え，動きの「感じ」から考えていくようにしています。
　なぜなら，動きの「感じ」は，それが心地よい・悪いにかかわりなく，運動すると体感されていると思われるからです。したがって，その運動の「どんな感じ」がおもしろいのだろうか？　というところから授業づくりをスタートします。単元全体の構成も，その「感じ」を中核として展開していくと流れがブレることがなくなります。
　最近，そのことを強く感じた映画がありました。ジェイムズ・キャメロン監督作品の『アバター』です。主人公のジェイクは下半身不随になってしまった米海軍の軍人でした。彼は下半身不随になってしまってからは，車いす生活を余儀なくされていたのでした。そんなジェイクが地球とは違う惑星に行き，自分の「アバター」（舞台となった惑星を自在に動ける身体。特殊な回路でつながれていて，遠隔操作ができ，そこで感じていることを実際に感じることができる。身長３ｍ，筋骨隆々の身体）に乗り移っている時は，自在に自分の「アバター」の身体を動かせるのです。初めてジェイクが自分の「アバター」に乗り移った時，周囲の制止も聞かず，自分の「アバター」を不慣れながらも操り，大地を足で踏みしめ，走り出すのでした。ジェイクはその感触がうれしくて，飛び上がるくらい身体を動かし続けるのでした。
　この時，ジェイクを夢中にさせていたのは何だったのでしょうか？
　それは，再び自在に自分の身体を操れるという「感じ」だったのではないで

しょうか。

　ジェイクはその感触がうれしくて，もっと自在に身体を操る「感じ」が欲しくて，いつまでも動き続けたかったのです。物語が進むにつれ，ジェイクは単に自分の身体を自在に操れる「感じ」に夢中になることはなくなりました。その「感じ」は非日常から日常へと変わったのです。ジェイクの思考は別のことへと向かうのでした。

　ここで注目したいのが，「感じ」です。我々は運動を行う際には，好き嫌いにかかわりなく，その運動の「感じ」を味わっているのです。そして，その「感じ」がおもしろい，または心地よいと感じたとき，「もっと」動きたいと考えるのではないでしょうか？

　例えば，一輪車に乗れるようになるとします。はじめは数メートル進めたという「進んだ感じ」で十分満足しているとします。しかし，技能が高まってくると，さらに進みたいと考えます。そして，さらに「おもしろい感じ」を求め，一輪車のスピードを上げたり，友だちと手をつないで乗ったり，フラフープを持って乗ったりします。このように考えると，その運動のおもしろさを追求していく過程にその運動の技能が埋め込まれている，ともいえるのではないでしょうか。

　子どもたちは，技術的な課題を高くして，その難しさの中におもしろい「感じ」を希求していくのです。そのプロセスの中で，動きのコツについて気づいたり，動いているおもしろさや心地よさを感じたりします。それらを「気づき」としてとらえることができるでしょう。

　我々の体育授業では「感じ」を意識化するきっかけを，「気づき」として考えています。そして，「感じ」と「気づき」の往還運動により，その運動に参加しているあり方そのものが変化していきます。それを「学び」ととらえることができるでしょう。

　これらのことは，三沢氏の言葉を借りると「教える」のではなく「学ばせる」のです。教師は目には見えない手を引いて学ばせているのです。本書ではそうしたことについて，「きっかけ」という表現を用いています。授業づくりでど

v

のように「きっかけ」をつくるかが，教師の腕の見せどころとなってくるでしょう。

先述した『教師となって　第一歩』には，日本画家の東山魁夷氏の言葉も載っていました。それは「絵の道というのはきりのない道で，私の旅はまだまだ終わりそうにありません。作家というのは，まだもう少し先によい仕事ができると，一生思い続けているものなのだと思います。旅ではない旅はまだまだ続きます。さあ，腰をおろしてないで，また，新しい旅に出発しよう――と，今でも思い続けています」

私は，初任者の頃から今までずっと，子どもにとって「よい授業」をやりたいと挑戦し続けてきました。その気持ちは今でも少しも色があせません。

教師の道も，絵の道と同様に際限のない道かもしれません。「これこそがよい授業だ」という答えもないのかもしれません。

本書の役目は，答えを示すものではないと考えております。この本をきっかけに，体育授業を少し違った角度から見てもらいたいのです。その視点が「感じ」と「気づき」を大切にした体育授業づくりなのです。

さあ，もう少し先によい仕事ができるかもしれません。旅ではない旅はまだまだ続きます。そろそろ腰を上げて，新しい旅に出ませんか？

(編者：成家篤史)

学習指導要領では小学校の陸上運動系の内容は，低学年は「走・跳の運動遊び」，中学年は「走・跳の運動」，高学年は「陸上運動」となっています。本書では特に必要のある場合を除き，これらを「陸上運動」または「陸上運動系」と総称しています。

目　　次

はじめに

第1章　なぜ，体育で「走り」「跳ぶ」のか？ ── 1

(1) 「かけっこ1番」と体育の学習　2
(2) 運動の仕組みと課題解決の手がかり　2

第2章　「陸上運動」の授業づくりの基本的な考え方 ── 5

1　動きの「感じ」と「気づき」を大切にした体育授業
　――運動の意味生成過程に注目して ── 6
(1) 体育の学習観の転換　6
(2) 学びの中核となる動きの「感じ」　7
(3) 「楽しい」から「おもしろい」へのパラダイムシフト　11
(4) 動きの「感じ」と「気づき」を大切にした体育授業を目指して　11

2　これからの体育授業で押さえるべきポイント（陸上運動系） ── 14
(1) 学習指導要領の改訂の趣旨　14
(2) 体育科における改訂の内容　15
(3) 陸上運動系領域のねらいとポイント　19

vii

3　動きの「感じ」と「気づき」を大切にする「陸上運動」の内容
　　——からだが感じ，からだで気づく「走る・跳ぶ」——————— 21
　（1）陸上運動系の動きの継続をねらった授業構想　21
　（2）各学年で何を「感じ」，何を「気づき」，そして……
　　　——「技能」の内容を中心に取り上げて　22

4　動きの「感じ」と「気づき」を大切にする「陸上運動」の展開——— 27
　（1）運動の特性に支えられる「楽しい体育」　27
　（2）運動の魅力に支えられるこれからの体育　30

5　動きの「感じ」と「気づき」を大切にする「陸上運動」の学習評価
　　——新しいPDCA（Procedure-Dig-Change-(be)Aware）サイクルから考えよう！—— 34
　（1）学習評価の「これまで」と「これから」　34
　（2）「これから」の学習評価を実践してみよう！　36
　（3）「学習評価」から「学び評価」へ新しい"PDCA"サイクル　39

第3章　「陸上運動」Q＆A——————— 43

1　現状と課題①——「陸上運動系」に関する教員の意識調査結果——— 44
2　現状と課題②——「陸上運動系」の実践に対する現場の実感——— 47
3　「陸上運動」Q＆A——————— 49
　Q1　「陸上運動系」の学習内容について教えてください。　49
　Q2　「陸上運動系」の系統性について教えてください。　52
　Q3　子どもの運動が単調にならないための工夫を教えてください。　55
　Q4　個人差に対応するための具体的な方法を教えてください。　57
　Q5　学習効果を上げるための場づくりを教えてください。　60

第4章 「陸上運動」の授業実践 ―――――― 63

実践例の読み方 ―――――― 64

実践例1〔低学年①〕
"くねくねロープをはしってみよう！"
（走の運動遊び）―――――― 66

実践例2〔低学年②〕
"きらきら・ジャンプ・パーク"
（跳の運動遊び）―――――― 73

実践例3〔中学年①〕
"リレーワールド"
（かけっこ・リレー）―――――― 79

実践例4〔中学年②〕
"スイスイハドリンピック"
（小型ハードル走）―――――― 86

実践例5〔中学年③〕
"フワッと上方にとんでみよう"
（高跳び）―――――― 94

実践例6〔中学年④〕
"ふわっとジャンプ！"
（幅跳び）―――――― 100

実践例7〔高学年①〕
"らんらんリレーランド"
（短距離走・リレー）―――――― 105

実践例8〔高学年②〕
"シンクロハードル走"
（ハードル走）―――――― 111

実践例9〔高学年③〕
"走りはバッ！ フワッ！ フニャッ！ 跳び"
（走り幅跳び）―――――― 117

実践例10〔高学年④〕
　"高く跳んでみよう！"
　　（走り高跳び）———————————————————————— 125

第5章　授業づくりのポイント———————————— 131

- 1　リズムから「走・跳の運動」を考える———————————— 132
  - (1)「リズム」について　132
  - (2) リズムから考える「走・跳の運動」　135
- 2　「からだ」を大切にした「陸上運動」における学び———————— 138
  - (1) 心と体の一体化──「身体化された自己」　138
  - (2)「身体化された自己」を再構築し合うコミュニケーション　140
- 3　陸上運動への「Game Sense」の導入
  　──退屈な練習とは決別した，エキサイティングなアプローチ！———— 144
  - (1) はじめに　144
  - (2) Complex Learning Theoryとは？　145
  - (3) Game Senseにおける技術指導　146
  - (4) 陸上運動におけるアプローチ　147
  - (5) まとめ　150
- 4　陸上運動はこうやって観察をする———————————————— 153
  - (1) これまでの陸上運動の観察　153
  - (2) 視座と注視点　154
  - (3) 視点の動かし方　155
  - (4) 陸上運動の観察と視点移動　156
  - (5) 観察能力を高める　157
- 5　陸上運動の集団的実践———————————————————— 159
  - (1) 集団実践から集団的実践へのパラダイムシフト　159
  - (2) 場づくりとマネジメント　162
- 6　陸上運動における学びの質を深めるための授業デザイン———— 169

7 陸上運動の特性を問い直す ―― 175
　(1) 子どもと運動の関係を問い直し，授業改善を図る　175
　(2) 運動の楽しさと動きのおもしろさ　175
　(3) めあて学習における課題　176
　(4) 陸上運動系の運動の楽しさと動きのおもしろさ　178
　(5) 授業改善の方向　179

8 学習材（教材）開発はこうやって行う！ ―― 182
　(1) 「感じ」と「気づき」を大切にした学習材（教材）開発　182
　(2) 低学年　184
　(3) 中学年　187
　(4) 高学年　191

9 「陸上運動」における指導上の留意点５か条！ ―― 194

あとがき

ちょっと一息

　走るスピードには何が影響するの？　41
　はだしで走る？　靴で走る？　①　78
　はだしで走る？　靴で走る？　②　124
　くねくね走　137
　陸上大会と体育授業の関係　152
　ハードル走の指導　168
　"動きにくい"陸上運動」……えっ!?　181

第 1 章

なぜ，体育で「走り」「跳ぶ」のか？

(1)「かけっこ1番」と体育の学習

　昼休みの校庭を見渡すと，かけっこ，鬼ごっこ，ドッジボール等々，夢中になって走り回る子どもたちの姿が目に飛び込んできます。やがてチャイムが鳴って，5校時が始まりました。体育，陸上運動の授業ですが……ここで，ふとした疑問が湧いてきます。先ほどまで外遊びに興じていた，つまり「さんざん走り回っていた」子どもたちに，陸上運動の授業でいったい何を教えればよいのでしょうか。

　たしかに，タイムや距離を測ったり順位を付けたりすれば，技能の程度を示す一定の手がかりを得ることはできるでしょう。しかし，「速く走る」とか「遠くに（あるいは高く）跳ぶ」といったことが，そのままただちに陸上運動の学習内容となるわけではありません。ましてや，そうした運動課題にすでに到達している子にとって，走ったり跳んだり「することができる」ことは，体育の学習で新たに得られた力とは言いがたいものです。ここに，あらためて「競走」や「跳躍」を教えるとはどういうことなのか，を考えることの重要性が際立ってきます。

(2) 運動の仕組みと課題解決の手がかり

　運動学習が中核となる体育の授業では，そこで取り上げる（＝学びの手がかりとなる）運動の仕組みを的確に押さえることが大切です。たとえば「競走」の場合，運動の究極的な目的は，スタートからゴールまで速やかに身体を運ぶことであり，端的には「移動」と言い表すことができます。そして，この目的を達成するため，具体的には，①静止した状態から加速し，さらに，②加速によって得られたスピードを維持する，という二つの課題を解決することが求められます。

　とはいっても，「加速」や「スピード」など，目で見たり手で触れたりして確かめることのできないものに，いったいどのように迫ればよいのでしょう。ここで解決の糸口となるのが，運動者が抱く「動きの『感じ』や『気づき』」

に焦点化した実践的知見です。

　たとえば出原（1986）は，短距離走（50m走）の走者の足跡をプロットしたライン（＝田植えライン）と10mごとの疾走速度の計測データを手がかりとして，「スピードの落ち込みにはラインの歪みが関係している」ことへの気づきを促す体育授業実践を報告しています。また，青山（2001）によれば，100mのレースについて「他の選手に先に行かれると（自分の走りが）わからなくなる……」と内省報告した選手を対象に，先行者を「追いかけ」「追いつき」「追い越す」際の運動感に焦点化したトレーニングを施したところ，「加速する感じ」を意識的にコントロールする（＝レースを構造化する）能力の向上が認められたといいます。

　いずれにせよ，運動者本人の「感じ」や「気づき」を視野の外に置いて，外見的な運動の行い方や記録ばかりを注視するような指導からは，冒頭の「なぜ」への解答が導かれることはありません。まさに一人ひとりの子どもに寄り添って，「内側」から運動をとらえていくことが求められます（内容や方法の詳細は本書の各章をご参照ください）。

　あらためて，なぜ，体育で「走り」「跳ぶ」のか？　それは，運動の仕組みの理解から導かれる運動課題への取り組みを通じて，それぞれの子どもが「私の走り」や「私の跳躍」を発見し，高めていくためであるといえるでしょう。

（鈴木　理）

〈参考文献〉
青山清英（2001）「短距離走における加速感に基づく戦術トレーニングに関する運動学的考察」『スポーツ運動学研究』14：27-36
出原泰明（1986）『体育の学習集団論』明治図書

第 2 章

「陸上運動」の授業づくりの基本的な考え方

1 動きの「感じ」と「気づき」を大切にした体育授業
―― 運動の意味生成過程に注目して

(1) 体育の学習観の転換

　体育における学習は,「動きの獲得」や「身体機能の向上」であるととらえられてきたといってもよいでしょう。すなわち,体力を高め,運動能力を向上させることが,体育の学力ととらえられ,この体力"値"が高ければ,運動によりよくかかわれると考えられてきました。また,過激なまでの若年スポーツ熱の高まりや利得優先の商業スポーツも拡大し,子どもの体力"値"の向上をあおってきたように思われます。このような中で生まれる量的な体力・運動能力の違いは,小学校や中学校などの体育的環境の中で子どもに,相対的に体育における学力が高いとか,低いと感じさせることにもつながり,「運動に興味をもち活発に運動をする者とそうでない者に二極化」(文部省,1999)している現状を拡大させてきたといってもよいと思います。

　この学力観にあっては,学習とは,状況と文脈に関係なく,技術や知識を獲得することであるといえます。しかしながら,学習とは,社会的な相互作用の中で成立しており,単なる教師から児童生徒への伝達ではなく,子どもが身体を授業の場に投企して学習を構成していくものといってもよいでしょう。このような立場では,子どもが学習しているその事実を体育授業の場でかかわる身体による表現の行為とみなし,常に授業という場と相互作用して生成される身体に学習行為を見出すこととなります。すなわち,単に現象としてとらえられる外側から可視化できる行為のみならず,その行為を支えるエネルギーになっている運動の意味の生成を重視し,学習としてとらえていく必要があります。こういった立場にたつ学習は,社会構成主義や状況主義などといわれ,戦術学習はその代表的な例であるといわれます。

　なお,運動の意味とは,「自分探し」としての学習において現実性と可能性

の差異を本質とし，自己を内破していくようなエネルギーとして生成され，授業におけるコミュニケーションを通し，変容しながら，学習を拓いていくといえます。簡単にいえば，自己理解に基づく「なりたい自分」が明確になり，それに向かっていこうとする納得了解された動機づけといえます。したがって，運動の意味によって学ぶことは意味付与され，生きて働く力となって機能すると考えられます。

(2) 学びの中核となる動きの「感じ」

① かかわり合いとしての動きの「感じ」

子どもたちは，運動の楽しさを味わう上で，勝敗や達成，克服の未確定性や動きの変化（動きくずし）のおもしろさを「感じる」という経験によって心と体を一体として運動に夢中になり，没頭していきます。「勝つ」から，「できる」から楽しいのではなく，「勝つ／負ける」「できる／できない」という狭間の中で，動く「感じ」のおもしろさにふれていくことが，結果的には経験の総体として楽しさとして感じられているといってよいでしょう。また，この狭間の中でプレイに夢中になり，没頭している子どもたちは，同じような活動の繰り返しの中で，この均衡がくずれ，飽きを迎えることによって，行動を変化させようと試みるようになります。すなわち，運動することによって生まれる「感じる」ことから，運動のおもしろさにふれ，おもしろさを探求する中で，楽しさや飽和を享受し，学習を展開していくといえます。「動きの感じ」を意味する言葉として，英語では，"Proprioception"（深部感覚）という言葉も耳にするようになりましたが，これは筋や腱，関節等という体のパーツの動きの感じと連動して，位置覚，運動覚，抵抗覚，重量覚により，体の各部分の位置，運動の状態，体に加わる抵抗，重量を感知する感覚であるといわれます。本書で取り上げている動きの「感じ」は，深部感覚のような部分的なものではなく，主体が他者や環境に働きかけ，働きかけられながら味わう包括的なものであるととらえています。また，この「感じ」という暗黙裡に味わっている世界が，子どもたちが異質な出来事とであっていくことによってある種の形式化した「気

づき」となっていきます。

　話は変わりますが，日本人の食文化を知るという視点からこのことを考えていきましょう。皆で知恵を出し合って日本人同士で食事を見つめて語るよりも，外国の人と食生活を共にすることによって，自分たちの特徴は明確になり，習慣であったり，メニューの特徴であったり，その文化的な特徴は見出しやすくなります。これは，比較的同質の集団で物事を考えるよりも異質な集団で考えることによって解決の糸口を見出しやすくする一つの例といえます。こんな違和感は私たちの探求心をくすぐるものです。

　②　「感じ」の差異から広がる動き

　差異から広がる動きの探求について一つ例をあげてみたいと思います。例えば，立つということは，日常の行為になっており，「立つ」ことそのものにプレイの要素を感じる人は少なくなっていると思います。しかし，ハイハイをしている子どもが立とうとしている姿を思い出してみてください。彼らは何度も何度も立とうとして失敗を繰り返していきます。「できる／できない」という狭間の中で「立つ」という動きのおもしろさを味わっています。それは，立つ練習でもなく，歩くための準備として立つのではなく，立つという動きの「感じ」に動機づけられ，立とうとしています。手と足を着けて地面に立つという生活から二本足で立とうとしているのは，私たちの環境と人との社会的相互作用にほかならないと思います。その中で，立つことに意味が付与され，彼らは，立とうとし，やがて「立つ」という意味構成をし，立つようになるといえます。

　この例にも見られるように，体育授業における子どもの行為や意味の生成は，「感じる」ことによって促され，「感じる」ことによって変化していくといえます。例えば，体が動く感じとの関連から，運動していることへの「気づき」が生まれ，運動の意味が付与されていきます。このことによって，子どもたちは，「いま」の自分と「これから」の自分の中で運動することへ意味を付与し，それは学習の大きなエネルギーとなっていきます。

　③　場を生み出す動きの「感じ」

　また，「感じる」ことによる運動の楽しさの享受は，体育授業におけるかか

わり合いにおいて生まれているといえます。かかわり合いによって体育授業に「場」が生まれます。そのかかわり合いは，主に，モノの知覚による運動行為であったり，教師の指示による運動行為や仲間の運動への共感による運動行為であったりします。つまり，体育授業において学習者が，教師や仲間，学習材（教材）・教具，環境に働きかけたり働きかけられることによって，その「場」を楽しさの享受できる「場」に組み換え，運動の行為を生み出しているといえます。すなわち，子どもたちは，仲間やモノと学び合う学習を通し，「感じる」という体験を基盤にしながら，学習を展開し，学習することを仲間と共に生み出しているのです。このように考えてみると学習内容の異なった側面が見えてきます。

④ 学習内容としての動きの「感じ」

「体育の学習内容は何か？」と問われたら，皆さんはなんと答えますか？ 頭にパッと浮かぶのは，逆上がり，二重跳び，台上前転などの動き方ではないでしょうか？ つまり，私たちが通常，目にすることのできる動きの「形」を身に付けることを学習内容ととらえるのが一般的ではないでしょうか？ これは，社会的学習でも例外ではありません。「友だちと仲良くする」「負けても勝者を称える」「得点した時は共に喜ぶ」「自分がゲームに出ていない時は一生懸命応援する」といったように，かかわる「形」を身に付けさせているといえるのではないでしょうか？

ところで，今，本書を手にとっている読者の中で大学を卒業して以来，生涯スポーツとして跳び箱運動やマット運動に取り組んでいる人はどれくらいいるでしょうか？ 数学や英語，国語は，生活の中で役立つという経験を日常的に意識的にしています。しかし，跳び箱運動やマット運動のような学習は，非日常的であり，日常の生活の中で応用している人はそうはいません。教師たちの中には，学校体育では一生涯続けていくことのできる得意なスポーツを見つけることが大切だという人もいます。しかし，器械運動に近い体操競技を続ける人は，器械運動が得意であったり，好きであったりしてもわずか一握りです。では，将来取り組まれないのであれば，その活動は無意味なのでしょうか？

この問いに対して本書でテーマとした動きの「感じ」と「気づき」を大切にするということが一つの回答を与えてくれます。

⑤ 「形」から「感じ」へ

体育の目標は,「運動に親しむ資質や能力の育成」と「健康の保持増進」「体力の向上」の三つの具体的目標を関連づけ,「楽しく明るい生活を営む態度を育てる」ことにあるといえます。メディアの発達や表彰システムの発達の中で,「速く,強く,高く」という価値観と連動して体育における学習成果が確立されてきました。このような中では,運動競技と関連した技能の高さを求めはぐくむ体育観がうかがえます。しかし,生涯にわたって運動に親しむためには,これだけでは不十分すぎます。先にあげた器械運動でいえば,いろいろな技ができるということが目指されるのではなく,動きの「感じ」を知り,「気づく」ことが大切なのです。私は大学のある授業で,「グルウッと移動しよう」をテーマにして授業を展開してみました。受講生は,だいたい前転のようなことをしているのですが,その前転は,受講生が50人いれば50通りあるのです。しかし,皆,それが「グルウッ」と回っている感じだというのです。つまり,「感じ」を共有しながら外側のあらわれは全員異なっています。私はとても驚きました。しかし,この様子を見て気づいたのは,「感じ」の出力の仕方は,個々人で違うということです。私たち教師は,外側の見栄えばかりを気にして大切な中身を置き去りにしてきてしまったのかもしれません。皆が違うことを前提にして,ふれさせたい「感じ」という学習内容を共有していけば,すべての子どもが全力を出して取り組むことのできる学習を展開することができるのではないでしょうか？ だからこそ,何ができたかではなくて,どうやって学んでいるかという過程が大切なのだと思います。できなくても頑張ったから「よい」という精神的な過程論ではない,本質的な過程主義が望まれます。そこで,動きの「感じ」に注目することで体育がよりよい学びへと転換すると考えています。

(3)「楽しい」から「おもしろい」へのパラダイムシフト

　以上のような考えから，私は，大学の授業で学生が模擬授業をするときに，まとめで，「今日の授業は楽しかった？」という振り返りはさせないようにしています。なぜなら過程を大切にした体育授業では，楽しさを探求している中で自分は何がどう変化したのかを見つめさせる必要があると思うからです。単純に「楽しかった」かどうかを学習あるいは指導を評価するための規準にするのであれば，料理を作って提供して「おいしかった」かどうかを評価してもらっているのと変わりません。「おいしいね。今日の食事は，見た目も工夫してあるから，見ても楽しい。だから，他の料理でも同じ工夫をしてみよう」なんていうつぶやきのほうが「おいしかった」という振り返りよりも，もっと大切だと思うのです。つまり，「楽しかった」という「Happy」から，「おもしろい」という「Interesting」を大切にした体育が求められるのではないでしょうか？「勝って楽しかった」ではなく「競争しておもしろくて楽しい」，「できて楽しかった」ではなく「挑戦しておもしろくて楽しい」，という，過去完了での語りから「いま－ここ」での語りへの変化が大切です。おもしろさ（Interesting）を感じて，楽しさ（Happy）に気づくという"IH"の連鎖が重要といったところでしょうか？　IH家電というのが巷では流行っていますが，これは，効率的，安全，快適，クリーン，経済的なのだそうです。IH運動プログラムも，効果が高く，優しく，気持ちよく，簡単な運動といえます。つまり，動きの「形」から「感じ」へ体育の成果を求めることによって運動のおもしろさにふれながら，学習成果を深めていくことができるといえます。そこで，動きの「感じ」と「気づき」を大切にした「おもしろい」運動の世界づくりこそが今，体育には求められていると考えるのです。

(4) 動きの「感じ」と「気づき」を大切にした体育授業を目指して

　教員採用試験のときに，「なぜ教師になろうと思ったのですか？」と私は聞かれました。そのときに，私の考えを大きく変化させてくれた小学校6年生の

ときの担任と中学校3年生のときの担任の先生の話をしました。この先生たちが，知識や技能を向上させてくれたというよりも，私に肯定的なまなざしを向け，一人の人間として認めてかかわってくれたからこそ強い影響を受けたのだと思います。また，「なぜ大学の教員になろうと思ったのですか？」ともよく聞かれます。それは，大学院のときの指導教員の影響が強かったと思います。その先生は，直接何かを与えてくれたわけではありません。しかし，私たちを学校における授業という子どもとの対話の世界に誘い，授業のおもしろさを感じさせてくれ，大切なことに気づかせてくれた先生だと思います。これらの先生に共通するのは，私が探求していく道を切り拓いていってくれたということです。解答はどこかに用意されているのではなく，共に探し求めていくものであると授業を通して教えてくれ，その実践力を身に付けてくれたように思います。教師になって，こんな経験を邪魔していたのが，「私は教師である」という形式ばった上着であった気がします。この「教師チーム」というユニフォームを着せられてしまった私たちが，そこに，自分の名前を刻み込み，自分なりの汚れをつけ，汗をしみこませ，子どもと対話していくことが必要であるように思います。そのために，教師としての仮面を一度外して子どもの内面に寄り添ってみませんか？　そこには，私たちが予想もしていない世界が広がっているのかもしれません。それはきっと私たちの好奇心，探求心をくすぐります。

　私は，読者の皆さんと共に，動きの「感じ」と「気づき」に注目することで"教師側の論理"という殻を破って"子ども側の論理"からの授業づくりについて本書を通じて探っていくことができればと考えています。
　　　　　　　　　　　　　　　　　　　　　　　　　　　　　　　（鈴木直樹）

※本稿は，本書作成にあたり，編者の細江文利氏と鈴木とで話し合ったコンセプトについてまとめたものです。本来，細江氏が執筆を担当する予定でしたが，作成途中で病床に臥されたため，鈴木が代わりに執筆しました。

〈参考文献〉
Anselm Strauss & Juliet Corbin (1999)『質的研究の基礎——グラウンデッド・セオリーの技法と手順』医学書院, p.19
B.D.シャクリー・N.ハーバー・R.アンブロース・S.ハンズフォード／田中耕治監訳 (2001)『ポートフォリオをデザインする——教育評価への新しい挑戦』ミネルヴァ書房

Joyner, A.B., &McMains, B.G. (1997). Quality control in alternative assessment. Journal of Ohysical education, Recreation & Dance,68 (7), 38-40

Hopple,C, J. (2005) Elementary physical education teaching & assessment：practical guide (2nd ed.). Human kinetics.

木下康仁 (2003)『グラウンデッド・セオリー・アプローチの実践──質的研究への誘い』弘文堂

木下康仁 (1999)『グラウンデッド・セオリー・アプローチの実践──質的実証研究の再生』弘文堂

Melograno, V.J. (1997). Integrating assessment into physical education teaching. Journal of Physical Education, Recreation & Dance, 68 (7), 34-37

National Association for Sport and Physical Education (NASPE). (1995). Moving into the future：National standards for physical education. Dt. Louis：Mosby.

文部省 (1999)『小学校学習指導要領解説　体育編』東山書房，p.11

Schwager, S. (1996). Getting real about assessment：Making it work. Journal of Physical Education, Recreation & Dance, 67 (8), 38-40

鈴木直樹 (2006a)「関係論的な学習における運動の意味に関する検討」『埼玉体育スポーツ科学』第2巻

鈴木直樹・塩澤榮一 (2006b)「ワークショップ形式を導入した『体力を高める運動』の実践」『体育科教育学研究』第22巻第1号

鈴木直樹・中島大輔 (2005)「仲間とのかかわりを豊かにすることを目指した小学校体育授業の実践報告」『埼玉体育スポーツ科学』第1巻

鈴木直樹・藤巻公裕 (2004)「小学校水泳学習における子どものかかわり合いに関する研究」『埼玉大学教育学部研究紀要 (教育科学Ⅱ)』第53巻第1号

2 これからの体育授業で押さえるべきポイント（陸上運動系）

(1) 学習指導要領の改訂の趣旨

　平成20年3月28日に小学校及び中学校の学習指導要領が改訂されました。学習指導要領の趣旨を生かした授業実践を行うためには，改訂の背景や趣旨を概ね理解しておくことが必要でしょう。

　学習指導要領は，社会的なニーズや課題を背景に，およそ「今後の日本を背負っていく子どもたちにどのような力を身に付けさせていくべきなのか」を教科，領域ごとに，発達の段階を踏まえ，体系的に整理したものといえます。

　今回の改訂では，21世紀は，いわゆる「知識基盤社会」の時代であることを強調しています。このような知識基盤社会化やグローバル化は，知識そのものや人材をめぐる国際競争を加速させる一方で，異なる文化や文明との共存や国際協力の必要性を増大させると考えられます。こうした状況において，日本の将来を背負う今の子どもたちには，確かな学力，豊かな心，健やかな体の調和を重視する「生きる力」をはぐくむことがますます重要になってきます。

　ところが，OECD（経済協力開発機構）のPISA調査など各種の調査からは，わが国の児童生徒について下のような課題が浮き彫りになりました。

　　○思考力・判断力・表現力など知識・技能を活用する力
　　○家庭での学習時間などの学習意欲，学習習慣・生活習慣
　　○自分への自信の欠如や自らの将来への不安，体力の低下

　まさに生きる力が不十分と言わざるをえません。そうしたことから，21世紀を生きる子どもたちの教育の充実を図るため，中央教育審議会で国の教育課程の基準全体の見直しについて検討が行われ，平成20年1月に「幼稚園，小学校，中学校，高等学校及び特別支援学校の学習指導要領等の改善について」（答申）が示されました。これは，教育基本法改正において，知・徳・体をバランスよ

くはぐくむこと,学校教育法改正において,基礎的・基本的な知識・技能,思考力・判断力・表現力等及び学習意欲を重視することなどが規定されたことを踏まえたものです。

こうした法改正や中央教育審議会答申を経て,学習指導要領の改訂が行われました。その基本的な柱は次の3点です。

○「生きる力」を育成すること
○知識・技能の習得と思考力・判断力・表現力等の育成のバランスを重視すること
○豊かな心と健やかな体を育成すること

(2) 体育科における改訂の内容

① 答申を踏まえた改訂の方向

体育科の改訂においても,平成20年1月の中央教育審議会の答申に基づいて行われました。その答申において,体育科の改善の基本方針については,次のように示されています。

体育科の改善の基本方針（下線は筆者）

> 小学校,中学校及び高等学校を通じて,「体育科,保健体育科については,その課題を踏まえ,生涯にわたって健康を保持増進し,豊かなスポーツライフを実現することを重視し改善を図る。(中略) また,学習したことを実生活,実社会において生かすことを重視し,学校段階の接続及び発達の段階に応じて指導内容を整理し,明確に示すことで体系化を図る。」としている。
> (「幼稚園,小学校,中学校,高等学校及び特別支援学校の学習指導要領等の改善について(答申)」平成20年1月)

まず,「その課題」ですが,「運動する子どもとそうでない子どもの二極化や子どもの体力の低下傾向が依然深刻」といった児童生徒に関する課題だけでなく,「運動への関心や自ら運動する意欲,各種の運動の楽しさや喜び,その基

礎となる運動の技能や知識など、生涯にわたって運動に親しむ資質や能力の育成が十分に図られていない例も見られること」といった教師の指導に関する課題や「学習体験のないまま領域を選択しているのではないか」といった学習指導要領の枠組みの課題も指摘されています。

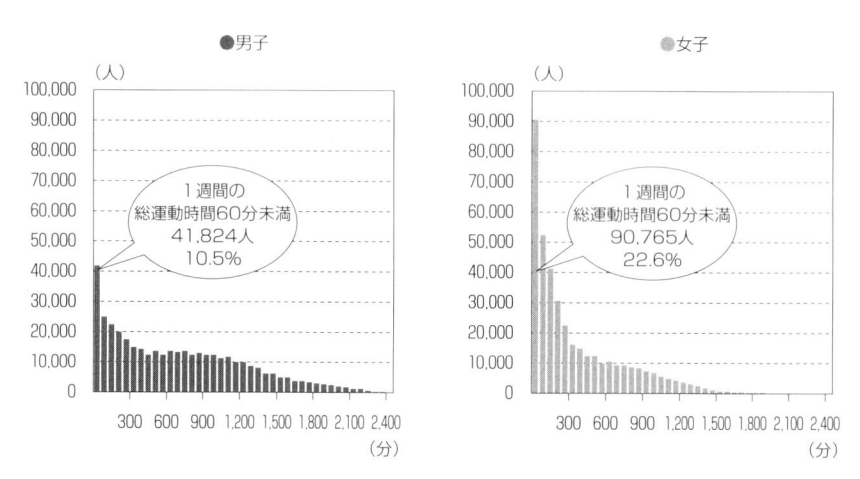

●男子　　　　　　　　　　　　　　　●女子

1週間の総運動時間60分未満
41,824人　10.5%

1週間の総運動時間60分未満
90,765人　22.6%

（平成21年度「全国体力・運動能力，運動習慣等調査」結果）
図2-1　1週間の総運動時間（小学校5年生）

　図2-1のように、女子では、1週間に体育の授業以外に運動する時間が60分に満たない子どもが4分の1近くに上っています。
　これらは、生活様式や習慣などの変化により、運動しにくい状況にあることは指摘されているところですが、これでは、体力の向上も望みにくいことは言うまでもないでしょう。しかし、見方を変えると、この結果から、唯一運動している時間は、体育の授業しかないこともわかります。こうしたことなどから体育の授業時数が低学年、中学年において、学習指導要領の改訂により、90時間から105時間に増加しました。教師の課題の対応も含め、体育授業への期待は大きく、その充実を図ることは急務といえます。

② 具体的な改訂の内容

15ページに示した中央教育審議会答申からの引用の後段において，改善の方向性を「学習したことを実生活，実社会において生かすことを重視し，<u>学校段階の接続及び発達の段階に応じて指導内容を整理し</u>，<u>明確に示す</u>ことで<u>体系化を図る</u>」こととしています。これらを具現化し，改訂の方向を示すために，体育科の目標を修正しています。ここでのポイントは，小学校から高等学校までの見通しをもった目標とするために，小学校体育の位置づけを明らかにしたことです。

学校教育法において「小学校は，心身の発達に応じて，義務教育として行われる普通教育のうち基礎的なものを施すことを目的とする」と規定されていることを踏まえ，「生涯にわたって運動に親しむ資質や能力の基礎を育てる」ことを明確に示しています。つまり，生涯にわたって運動に親しむ資質や能力を育成するためには，小学校でそれらの基礎をしっかりと育てることが大切であることを明確に示したわけです。

体育科の目標（小学校学習指導要領）（下線は筆者）

> 心と体を一体としてとらえ，適切な運動の経験と健康・安全についての理解を通して，<u>生涯にわたって運動に親しむ資質や能力の</u>基礎を育てるとともに健康の保持増進と体力の向上を図り，楽しく明るい生活を営む態度を育てる。

この目標を受け，次のように体育科の内容を改善しています。

●**指導内容の体系化**（指導内容の明確化，系統化，弾力化）

体育科では生涯にわたって運動に親しむ資質な能力の基礎を身に付けていくことを目指しているのですから，児童生徒の発達の段階を考慮した上で，それにふさわしい指導内容を明確化し，意欲的に継続して学ぶことができるよう系統化しました。このように小学校から高等学校までの12年間を見通して指導内容の整理を行い，体系化を図りました。

その際，発達の段階のまとまりを大切にしています。小学校第1学年から第

4学年の頃は，児童が易しい運動にであい，伸び伸びと体を動かす楽しさや心地よさを味わうことを大切にしながら，各種の運動の基礎を培うことを重視する時期。小学校第5学年から中学校第2学年の頃は，各種の運動種目の初歩的な技能を身に付けるなど，すべての運動領域を学習しておく時期。中学校第3学年から高等学校修了年次までは，自己に適した運動種目を選択し，その運動実践を深める時期としています。

特に小学校では「基本の運動」について，指導内容や高学年への系統性が見えにくいとの指摘が多かったことから，従前「内容」として示していたものを「領域」として示しています。ただし，「基本の運動」という名称はなくなりましたが，その趣旨は低学年・中学年の発達の段階を踏まえた指導内容に生きていますので，指導の際には留意しておくべきでしょう。

また，運動の取り上げ方の弾力化の視点も大切です。前述しましたように，学習指導要領では指導内容の明確化を図ってきたわけですが，それらが身に付くための指導方法は，学校や児童の実態によって，さまざまな工夫がなされなければなりません。そうした教師の指導の工夫が生かせるように指導内容の確実な定着を図りやすいならば，運動の取り上げ方を一層弾力化し，低・中・高学年に示されている「体つくり運動」以外のすべての指導内容について，2学年のいずれかの学年で取り上げ，指導することもできるようにしています。この趣旨を生かして学校の創意工夫した指導が行われることが期待されます。

● 体力向上の重視

もう一つの柱としては，子どもたちに動ける体つくりの基礎を培うことがあげられます。そこで，運動する子どもとそうでない子どもの二極化の傾向や子どもの体力の低下傾向が依然深刻な問題となっていることから，すべての運動領域で適切な運動の経験を通して，一層の体力の向上を図ることができるよう指導のあり方を改善することとしています。特に「体つくり運動」は，基本的な動きを培うことをねらいとして低学年から示すとともに，第1学年から第6学年のすべての学年において指導することとしています。

(3) 陸上運動系領域のねらいとポイント

① 陸上運動系領域の改訂の背景とねらい

新学習指導要領の改訂において，陸上運動系については，他領域ほど大きな変更点はありませんでした。しかし，6年間を見通して指導内容の体系化が図られています。高学年の内容「ア　短距離走・リレー」「イ　ハードル走」「ウ　走り幅跳び」「エ　走り高跳び」への系統性を踏まえて，低学年からの指導内容を整理しています。陸上運動系では「より速く，より高く，より遠くへ」という指導だけでなく，仲間と競い合う楽しさや調子よく走ったり跳んだりする心地よさを味わうこと，また，体を巧みに操作しながら走る，跳ぶなどのいろいろな動きを身に付けることが大切です。

表2-1　陸上運動系領域

小学校			中学校	高等学校
低学年	中学年	高学年	1〜3年	入学〜修了年次
走・跳の運動遊び	走・跳の運動	陸上運動	陸上競技	
走の運動遊び 跳の運動遊び	かけっこ・リレー 小型ハードル走 幅跳び 高跳び	短距離走・リレー ハードル走 走り幅跳び 走り高跳び	短距離走・リレー 長距離走 ハードル走 走り幅跳び 走り高跳び	

② 陸上運動系の授業への期待

低学年・中学年では，これまで基本の運動であったことを鑑み，走ったり跳んだりする動き自体のおもしろさ・心地よさを引き出す指導が重要です。そのためには，どの子どもも競走（争）に勝つことができたり，意欲的に運動に取り組むことができたりするように，楽しい活動の仕方や場の工夫をすることが必要です。また，基本的な動きを身に付けるために，直線を力いっぱい走ったり，前方に遠くへ跳ぶだけでなく，いろいろな形状の線上等を蛇行して走ったり，横や後方へ跳んだりする活動なども十分に取り入れることも必要です。こ

のような活動を通して，運動感覚も磨かれていくことでしょう。そして，中学年も後半の学習では，高学年へのつなぎを考慮し，例えば易しい障害（小型ハードル）を調子よく走り越す学習などに移行していきます。

　こうした学習の上に，高学年の陸上運動では，合理的な走り方や跳び方を身に付け，競走（争）をしたり，記録の達成を目指したりする学習が中心となります。そのためには，自己やチームに合った課題をもち，適切な運動の行い方を知り，計画的な練習を通して記録を高めることができるような「思考・判断」の育成につながる学習の場が必要になるでしょう。また，練習の場を友だちと安全に留意して協力しながら準備をし，励まし合ったり，教え合ったりしながら，「態度」の育成も目指します。

　走ったり，跳んだりする動きは，すべての運動の基礎になるものといえるでしょうし，街角でジョギングをする大人が大勢いることを考えると「生涯にわたって親しみやすい運動」であるともいえます。そうした観点も大切にしながら，陸上運動系の授業を構想していくことが期待されます。　　　　　（白旗和也）

〈参考文献〉
「幼稚園，小学校，中学校，高等学校及び特別支援学校の学習指導要領等の改善について（答申）」平成
　20年1月
『小学校学習指導要領解説　体育編』平成20年8月
「平成21年度　全国体力・運動能力，運動習慣等調査報告」平成21年12月

3 動きの「感じ」と「気づき」を大切にする「陸上運動」の内容
―――からだが感じ,からだで気づく「走る・跳ぶ」

(1) 陸上運動系の動きの継続をねらった授業構想

① 動きの「感じ」を「気づき」へ―――系統性を考えた改善の具体的事項

　陸上運動系の運動領域については,『小学校学習指導要領解説　体育編』によると「幼児教育との円滑な接続を図ること」「体力の低下傾向が深刻な問題になっていること」「積極的に運動する子どもとそうでない子どもの二極化への指摘があること」「各学年の系統性を図ること」などを踏まえ,これまで特に高学年の「陸上運動」への系統性が見えにくかった低・中学年の「基本の運動」の中の「内容」を「領域」として示しています。具体的には,低学年の領域は「走・跳の運動遊び」,中学年の領域は「走・跳の運動」で構成され,それぞれの内容として「走の運動遊び」「跳の運動遊び」「かけっこ・リレー」「小型ハードル走」「幅跳び」「高跳び」が示されました。

表2-2　小学校体育科の領域構成と内容(陸上運動系)

学　年	1・2	3・4	5・6
領　域	走・跳の運動遊び	走・跳の運動	陸上運動
内　容	走の運動遊び	かけっこ・リレー 小型ハードル走	短距離走・リレー ハードル走
	跳の運動遊び	幅跳び 高跳び	走り幅跳び 走り高跳び

　つまり,陸上運動系の運動でも,運動遊びを通して体感(「感じた」)した動きのおもしろさを基本にして,動きや場を工夫し,運動する心地よさに「気づく」指導内容の明確化と体系化を図ることが大切になります。さらに,子どもの発達段階に応じて,運動内容のおもしろさに気づかせることから,さまざま

な工夫・発展へとつながっていくと考えられます。

　また，「指導内容の確実な定着を図ることができるよう，運動の取り上げ方を一層弾力化し……（略）……指導内容について，2学年のいずれかの学年で取り上げて指導することもできるようにする」と示され，子どもたちの動きの「感じ」「気づき」への継続性を考慮し，一つの学年で丁寧に扱えるようになっています。

　② 　動きの「感じ」から「気づき」へ──系統性を配慮した年間カリキュラム

　年間カリキュラムの作成には，先にも示したように，指導内容について2学年のいずれかの学年で取り上げ指導することができるなど運動の取り上げ方の一層の弾力化が示されていますので，地域の実態や学校の実態，そして子どもたちの動きへの「感じ」方，「気づき」方も踏まえ，長いスパンで作成することが求められます。しかし，「一部の領域の指導に偏ることのないよう授業時数を配当すること」も示されているため，内容の取り扱いに偏りがないように，低・中・高学年の3区分ごとの学年の中で工夫することも大切であるとされています。ここでは，運動種目を教えることに注目せずに，運動内容のおもしろさを軸に，つまり，子どもたちに「感じさせたい」動きのおもしろさが何かを軸に展開・計画を構想していくことが大切です。こうした，計画・展開の中に動きへの「気づき」があらわれ，いわゆる「コツ」や「ポイント」が実感できる動きの流れのある年間カリキュラムが作成できると考えられます。

　さまざまな実態や子どもたちの動きへの「感じ」や「気づき」を考慮して作成するわけですが，年間時数も定められているため，配当時数の記載はないものの，陸上運動系では約20％の時間を，すなわち，低・中学年では20時間前後，高学年では18時間前後の時間を確保したいものです。

(2) 各学年で何を「感じ」，何を「気づき」，そして……
　　　──「技能」の内容を中心に取り上げて

　① 　低学年で──走・跳の運動遊び

　「走の運動遊び」では，遊びの言葉が示すように思いっきり楽しく走る運動

を遊びとして行わせる中にさまざまな子どもたちの「感じ」があらわれてくるでしょう。その「感じ」たことをもとにして「遊び」をつくっていきます。そこで，あらかじめ感じさせたいおもしろさとして，「30〜50m程度のかけっこ」という距離を示すことができるでしょう。思いっきり走る，それも何回もできるとなると，この距離を示せそうです。また，走るだけでおもしろさが飽和すれば，「いろいろな形状の線上等を蛇行して走ったり，まっすぐ走ったり」となり，自然に子どもたちの感じたことが指導の流れに乗っていくことでしょう。さらに，子どもたちは自分の動きを友だちと比べるようになります。そんな仲間と競い合う楽しさに気づくようになれば，競争やチームをつくったリレー遊びへと内容を吟味できるようになります。「折り返しリレー遊び」では，思いっきり走る「感じ」をいかに続けるか，走り方のコツを探し出すでしょう。また，仲間とどうやって協力するか，それぞれの走りを考えて，作戦を考えます。これらがはじめの「感じ」た動きから「気づき」へと大きな時間の変化となります。はじめから，内容を示すのではなく，内容が子どもたちの学びによって「感じ」と「気づき」で自然な流れが生まれるのです。バトンタッチの仕方は，当然，どうしたら合理的かを動きの中から感じるでしょう。そのための，学習する時間の仕組み（つくり）が工夫となるわけです。「低い障害を用いる」のも，リレー遊びが飽和したとき，少し難しい課題を与えることで新たな走る運動の仕方のバリエーションが広がって楽しさも広がることが望まれるのです。

　「跳の運動遊び」でも同様な考え方から学習内容を構成していくことが大切となるでしょう。［例示］に示されている「幅跳び遊び」「ケンパー跳び遊び」「ゴム跳び遊び」を教えるという意識ではなく，「跳ぶ遊び」のどんな「感じ」におもしろさがあるのか吟味することにより，そのヒントの一つが［例示］であるとすると，単元の構成の仕方も子どもたちの動く感じにそって構成できるでしょう。まず［例示］ありきではなく，遊びを通して動く楽しさを味わえるような授業づくりが求められるでしょう。

　例えば，幅跳び遊びでは，非日常的な「空中を舞う感じ」がおもしろさの一つでしょう。そのおもしろさを中心に構成されていると考えられます。

○「空中を舞う感じ」を大切にした構成例

> 「空中を舞う感じ」を味わって跳ぶ→高く跳ぶ，遠くへ跳ぶ→
> （もっと高く，もっと遠くへ）→勢いをつけて跳ぶ（助走）→
> （もっと……）→片足で跳ぶといいかな？　仲間と比べたいな→
> もっと楽しくしたいな（競争や工夫）

という流れを大切にしたいものです。

　さらに，「態度」「思考・判断」の内容も，こうした構成と切り離されることなく，動きのおもしろさを「感じる」ことにより，もっとおもしろく動くためにどうしたらよいのか子どもたち自身が「気づき」，身に付けていくことにつながるのです。

　② 　中学年で――走・跳の運動

　中学年では，「遊び」の言葉はなくなります。これは,低学年で経験してきた「遊び」をもとに，さらに動きをおもしろく広めることを示しているのです。つまり，系統化されているということであり，子どもたちの思考の継続・楽しみの継続・発展を示しています。思いっきり「かけっこ・リレー」していた遊びが,自分の動きに合わせて「調子よく」と感じられる心地よい動きの「感じ」へとおもしろさを広げているのです。「40〜60ｍ程度」や「いろいろな走り出しの姿勢」など，これまでの思いっきりから自分の動きやすさや・動きにくさなどの少し難しい動きが加わってきています。ただ，ここで気をつけなくてはならないのは，トレーニング的にこれらの動き方を取り入れてしまわないことです。あくまでも，動く感じの広がりとして用いられることが大切でしょう。この時期であっても，いろいろな動きから「走る感じ」を楽しむことがねらいなのです。

　その他「技能」では，

> 「小型ハードル走」……小型ハードルを自分に合ったリズムで走り越す。
> 「幅跳び」……短い助走から調子よく踏み切って遠くへ跳ぶ。
> 「高跳び」……短い助走から調子よく踏み切って高く跳ぶ。

p.24の下の囲みの「リズム」や「調子よく」の言葉が示すように，自分の動きを見つめて楽しむ要素が増えてきています。すなわち，自分の体と動きがどのように「感じ」「気づく」かが課題になってきます。さらに，「小型ハードル」「短い助走」は，低学年で体験したものに条件を加え，難しくして動きを楽しむようになっています。また，「走り越す」「遠くへ」「高く」はこれまでの動きのおもしろさの追求につながる構成になっています。それぞれの身に付けたい技能は，動くことから子どもたちが必要とする「コツ」＝「気づき」となっていくことなのでしょう。こうした構成を系統的に，中学年までに十分に動く楽しさ，おもしろさを心地よさとして味わえることが大切でしょう。

③ 高学年で――陸上運動

　小学校学習指導要領の低・中学年での目標（「技能」）には，「次の運動を楽しく行い，その動きができるようにする」とあります。高学年では「次の運動の楽しさや喜びに触れ，その技能を身に付けることができるようにする」と運動を行ってきた「感じ」から，さらにその楽しさ（「感じ」）を深めることにより，さまざまな動きに「気づき」，その動きを身に付けることができるようにという構成になっています。

　思いっきり「走る」「跳ぶ」という運動特有の楽しい「感じ」を，もっとおもしろく味わうために何らかの条件をつけて，易しい動きから難しい動きへと，動きの巧みさへ転換していくわけです。決して，やり方を説明するのではなく，自然な動きをどう工夫していくか，動きの「気づき」を大切にする時間が生まれてくるのです。ここで教師は，遊びや動きから培われてきた子どもたちの「感じ」を共有して，単元で扱う運動特有のおもしろさに「気づく」ファシリテーター（学ぶことを促す存在）である必要があるでしょう。高学年では，こうした教師の積極的なかかわり合いから，それぞれの動きに応じて子どもたち自身の「気づき」があらわれてくるのです。例えば，

◎もっと速く走りたいと思う子→
　（つまずき＝心地よくない動きの感じ）走りが硬い。蛇行している。

> ストライドが狭い。腕が振れていない。など
> ◎つまずきに対するポイントをアドバイスする。→
> 　（つまずきの解消＝心地よい動きの感じ＝自分の動きへの気づき）
> 　上体をリラックスさせる。腕の振り方を大きく。走る前方の目標を決めて。など

は，一つの流れとして考えられます。

　また，どの学年でもそうであったように，楽しみ方も，個人の「感じ」＝「課題」へ挑戦するだけでなく，集団としての「感じ」＝「課題」へ挑戦することも学習内容の一つとして示されています。さらに「技能」と共に「態度」「思考・判断」を大切した授業づくりが求められてくるのです。

　『小学校学習指導要領解説　体育編』で低・中学年については，

> 走ったり跳んだりする動き自体の面白さ・心地よさを引き出す指導を基本としながら……

とあり，高学年では，

> 走る，跳ぶなどの運動で，体を巧みに操作しながら，合理的で心地よい動きを身に付けるとともに……

とあります。また，

> 各運動領域の内容については，子どもたちに身に付けさせたい内容を明確にする視点から，基本的に「技能（運動）」，「態度」，「思考・判断」で構成することとし，特に「技能」については，運動の楽しさや喜びを味わわせながら身に付けることを強調した。

ともあります。つまり，陸上運動系特有のおもしろさを感じさせることが，まず望まれているのです。そのことを基本に，場や用具，自分の動き方や仲間との関係に気づいていく授業づくりを2学年のまとまりでどのように構成していくかが大切になってくるのです。

（田中勝行）

4 動きの「感じ」と「気づき」を大切にする「陸上運動」の展開

(1) 運動の特性に支えられる「楽しい体育」

　① 「めあて学習」の誕生とその普及

　1977年以降の「楽しい体育」では，生涯にわたる主体的な運動実践者を育成することをねらいとして，子どもの運動への志向性（愛好的態度）を育成することに大きな関心が向けられました（長谷川，2002，p.102）。そこで，台頭してきた「めあて学習」は，全国に大きな影響を与えた学習過程モデルであるといえます。それは，単に学習の成果だけではなく，学習過程での欲求の充足（運動の特性にふれた楽しさ体験）を追求する学習過程のあり方が模索され，1991年には文部省の指導資料の中に学習過程モデルが例示されました。この1991年に文部省からの学習過程モデルが例示されることによって，全国レベルで普及したため，読者の皆さんにとっては大変なじみ深いのではないかと思います。

　② 運動の楽しさにふれる学習モデル

　では，この運動の特性とはどのようにとらえられてきたのでしょうか。「楽しい体育」の学習過程は，運動の特性の機能的な分類と学習者一人ひとりの欲求や必要の充足を満たすための運動のレディネスの幅に対応するための学習の道筋が示されなければならない（嘉戸，1983，pp.63-65）とされています。この運動の機能的特性は，「めあて学習」の学習過程を構想していく上で，原動力をもつものとしてとらえられるものです。まず，この運動の機能的特性の根拠となる「プレイ論」についてみていきましょう。

　③ 運動の楽しさを重視した「プレイ論」

　この機能的特性は，ホイジンガ（Huizinga，1938）やカイヨワ（Caillois，1958）の「プレイ論」に基づくものです。ホイジンガ（Huizinga，1938．高橋訳，1973，p.19）は，プレイの「おもしろさ」は，どんな分析も，どんな論理的解釈も受けつけ

ないとして，「おもしろさ」とは本質的なものであり，それ以上根源的な観念に還元することができないと述べています。これは，つまり，プレイを手段としてとらえるのではなく，プレイはおもしろいから行うものであるという目的的な活動としてとらえているといえます。

さらに，ホイジンガ（Huizinga, 1938. 高橋訳, 1973, p.42）は，プレイの分類について「遊びは何ものかを求めての闘争であるか，あるいは何かを表わす表現であるかのどちらかである。この二つの機能は，遊びが何ものかを求める闘争を『表現する』というふうにして，また遊びが最も表現のすぐれている者を選び出すために競争の形をとるという具合にして，一つにまとめられることもありえないではない」と述べています。

表2-3　遊びの分類（Caillois, 1958. 多田，塚埼訳, 1971, p.81）

	アゴン（競争）	アレア（運）	ミミクリ（模倣）	イリンクス（眩暈）
パイディア（遊戯）▲ 騒ぎ はしゃぎ ばか笑い	競争　　規制なし 取っ組み合いなど 運動競技 ボクシング 玉突き フェンシング チェッカー	鬼を決めるじゃんけん 裏か表か遊び 賭け ルーレット	子どもの物真似 空想の遊び 人形，おもちゃの武具，仮面 仮装服	子どもの「ぐるぐるまい」 メリーゴーラウンド ぶらんこ ワルツ ヴォラドレス 縁日の乗物機械
凧あげ 穴送りゲーム トランプの一人占い クロスワード	サッカー チェス	単式富くじ 複式富くじ	演劇	スキー 登山
▼ルドゥス（競技）	スポーツ競技全般	繰り越し式富くじ	見世物全般	空中サーカス

（注）縦の各欄内の遊びの配列は，上から下へパイディア（遊戯）の要素が減少し，ルドゥス（競技）の要素が増加していくおよその順序に従っている。

このようにホイジンガ（Huizinga, 1938）は，プレイを闘争と表現に大きく分類したのに対し，カイヨワ（Caillois, 1958）は，アゴン（競争），アレア（運・偶然），ミミクリ（模倣），イリンクス（眩暈）の四つにプレイを分類し，それらの質をパイディア（未分化）からルドゥス（分化）へと変容するものとして区分しています（表2-3）。

「楽しい体育」では，ホイジンガ（Huizinga, 1938）の闘争と表現，カイヨワ（Caillois, 1958）からいえば，アゴン（競争）とミミクリ（模倣）を運動の楽しさを求める視点として大きく取り上げられたといってよいでしょう。このような視点から運動の楽しさを分類すると表2-4（島崎, 1990, p.120）のようになります。

表2-4　運動の本質的特性からとらえた運動カテゴリー（島崎, 1990）

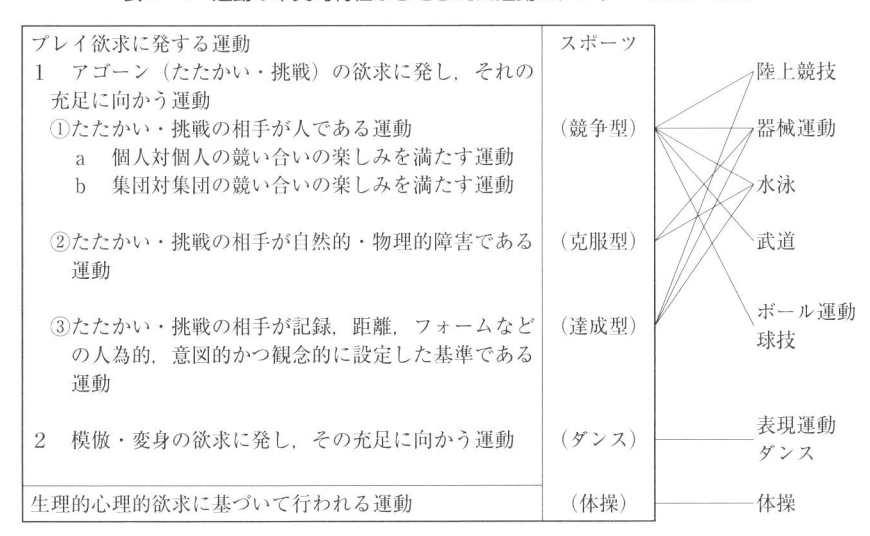

プレイ欲求に発する運動	スポーツ	
1　アゴーン（たたかい・挑戦）の欲求に発し，それの充足に向かう運動　①たたかい・挑戦の相手が人である運動　　a　個人対個人の競い合いの楽しみを満たす運動　　b　集団対集団の競い合いの楽しみを満たす運動	（競争型）	陸上競技　器械運動　水泳　武道　ボール運動　球技
②たたかい・挑戦の相手が自然的・物理的障害である運動	（克服型）	
③たたかい・挑戦の相手が記録，距離，フォームなどの人為的，意図的かつ観念的に設定した基準である運動	（達成型）	
2　模倣・変身の欲求に発し，その充足に向かう運動	（ダンス）	表現運動　ダンス
生理的心理的欲求に基づいて行われる運動	（体操）	体操

このように運動をスポーツとダンスに分け，スポーツにおいてはそれぞれの運動の特性に従って競争・達成・克服などの楽しさや楽しみ方から，ダンスは模倣・変身の楽しさや楽しみ方から，学習過程が学習者のレディネスに応じてつくられる（嘉戸, 1983, p.59）ということになります。とりわけ，陸上運動系

に関しては，競争と達成に基づいた学習過程が組まれることが一般的となりました。

(2) 運動の魅力に支えられるこれからの体育

① 「イリンクス（眩暈）」の再考

前述のカイヨワ（Caillois, 1958）の主張する「遊びの分類（表2-3）」と「楽しい体育」で取り上げられている「運動の本質的特性からとらえた運動カテゴリー（表2-4）」とを見比べてください。カイヨワ（Caillois, 1958）が取り上げている「イリンクス（眩暈）」が表2-4で欠如していることにお気づきでしょうか。この「イリンクス（眩暈）」は，きわめて感覚的なもの，または個人的なものであり，一見すると，体育の授業としては扱いにくいものとしてとらえられてきたように思われます。

しかし，人間の動きというものは，人それぞれの感覚的なものが中核に据えられていると考えると，必ずしも無視することができないのではないでしょうか。むしろ，イリンクスという感覚的なものは，競争・達成・克服・模倣に通底するものとしてとらえていくべきなのではないでしょうか。

② 動きそのものを楽しむ

『小学校学習指導要領解説 体育編』（2008）の体育科改訂の趣旨の中に「それぞれの運動が有する特性や魅力に応じて，基礎的な身体能力や知識を身に付け，生涯にわたって運動に親しむことができるように」と示されています。この改訂にあたって「魅力」という言葉が新たに示されることとなりました。

また，陸上運動系の内容として，低学年の「走・跳の運動遊び」や中学年の「走・跳の運動」では，「走る・跳ぶなどについて，仲間と競い合う楽しさや，調子よく走ったり跳んだりする心地よさを味わうことができ，また，体を巧みに操作しながら走る，跳ぶなどのいろいろな動きを身に付けることを含んでいる運動である」と示されています。具体的には，「走ったり跳んだりする動き自体のおもしろさ・心地よさを引き出す指導を基本にしながら，どのような力をもった児童においても競走（争）に勝つことができたり，意欲的に運動に取

り組むことができたりするように，楽しい活動の仕方や場の工夫をすることが大切」であるとされています。

　高学年の「陸上運動」では，「体を巧みに操作しながら，合理的で心地よい動きを身に付けるとともに，仲間と速さや高さ・距離を競い合ったり，自己の目指す記録を達成したりすることの楽しさや喜びを味わうことのできる運動である」と示されています。具体的には，「合理的な運動の行い方を大切にしながら競走（争）や記録の達成を目指す学習指導が中心となるが，競走（争）では勝敗が伴うことから，できるだけ多くの児童に勝つ機会が与えられるように指導を工夫することが大切である。一方，記録を達成する学習活動では，自己の能力に適した課題をもち，適切な運動の行い方を知って，記録を高めることができるようにすることが大切」であるとされています。

　このように見てくると，運動の「魅力」というものは，陸上運動系の中で，「走ったり跳んだりする動き自体のおもしろさ・心地よさ」や「体を巧みに操作しながら，合理的で心地よい動き」であるととらえることができそうです。つまり，きわめて感覚的なものであるとカイヨワ（Caillois, 1958）が主張する「イリンクス（眩暈）」の部分が，今回の学習指導要領の中で注目されるようになったと解釈することはできないでしょうか。例えば，走り高跳びでいえば，"ふわっと"身体が浮く感じがおもしろかったり，走り幅跳びでは，"グーン"と身体を投げ出す感じがおもしろかったり，ハードル走では，ハードルを走り越えるときの風を切る感じが心地よかったりと，そのような魅力（動きそのもののおもしろさ・心地よさ）が運動の根幹にあると考えられます。

③　動きの心地よさを感じる授業展開へ

　これまでの「楽しい体育」では，「競走・達成ありき」の色合いが濃かったように感じます。最終的に「競走させよう」「達成させよう」ということになってしまうと，教師はどうしても子どもたちをその「目的地」まで牽引していくことになります。

　しかし，子どもたちに運動の「魅力（動きそのもののおもしろさ・心地よさ）」を味わわせることも視野に入れた体育授業の展開を考えていくとなると，「い

ま-ここ」で動きのおもしろさを感じている，または感じようとしている子どもたちをより大切にしていく必要があります。教師は，「目的地」で待ち，子どもたちに指示をするのではなく，子どもたちと共に運動の感覚的なおもしろさを探求しながら方向づけていくことが必要となるでしょう。つまり，運動することの意味を「競走・達成」とし，それを獲得させるという見方ではなく，「動きそのもののおもしろさ・心地よさ」を中核に据え，子どもたちと共につくり上げていくというように発想の転換（図2-2）をしてみてはいかがでしょうか。そのためには，授業を展開するにあたって，教師は，子どもたちをその運動の中核となる感覚的なおもしろさにであわせる場をデザインすることが求められます。手の込んださまざまな制約のある場ではなく，いたってシンプルで運動の魅力にダイレクトにアプローチできる場を工夫するのです。そうすることで子どもたちには，何が目的なのかが明確になります。これは同時に，子どもたちが課題（学習内容）を明確につかんでいくことにつながります。また，課題（学習内容）が明確であれば，豊かな活動を子どもたち自らが促進し，何を振

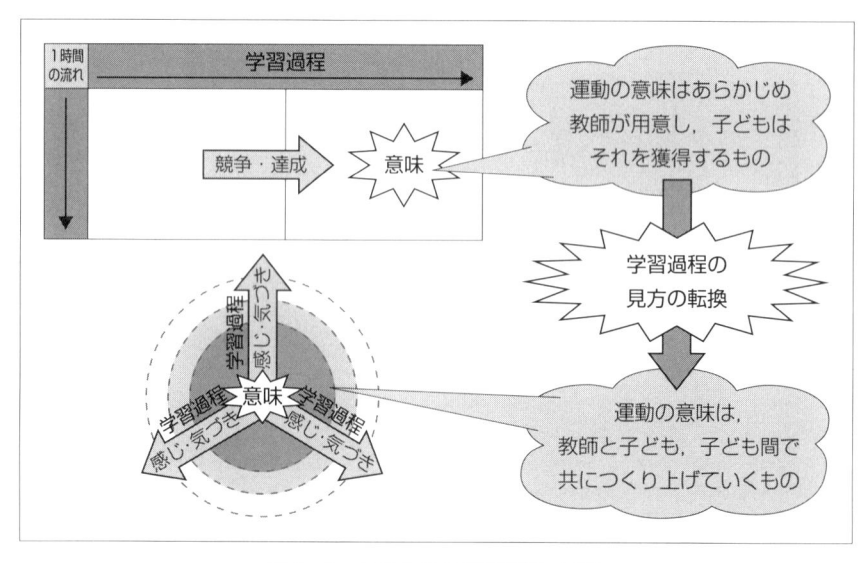

図2-2　これからの学習過程の展望

り返るのかが自ずと明確になるのです。この振り返りが、子どもたちへの内発的な動機づけとなり、子どもたち自身がさらなるであい（課題）を求めていこうとするでしょう。

このようなサイクルの中で、子どもたちは自ら場を創意工夫し、学びをひろげようとします。この時、教師が最初に用意した「教材」は、「学習材」へとシフトします。つまり、教師が子どもたちに教えようとするための材料ではなく、子どもたち自らが学ぼうとして使う材料になるのです。そのため本書では、「教材」を教えることを主眼とした概念として扱い、「学習材」を自ら学習することを主眼とした概念として扱っていくこととします。

動きの「感じ」や「気づき」を大切にした体育の授業展開は、いわば「教材」から「学習材」へシフトすることそのものであると言っても過言ではありません。子どもたちが「いま-ここ」で動きのおもしろさを感じている、または感じようとしていることを大切にすることから始まり、その感覚体験から子どもたちの気づきを促し、その運動のおもしろさ（意味）をひろげる（深める）ことができるようにデザインすることが求められているのです。　　　　（寺坂民明）

〈参考文献〉
Caillois, R.（1958）／多田道太郎・塚崎幹夫訳（1990）『遊びと人間』講談社学術文庫
長谷川悦示（2002）「第1部12章　体育科の学習過程論」高橋健夫・岡出美則・友添秀則・岩田靖編『体育科教育学入門』大修館書店
Huizinga, J.（1938）／高橋英夫訳（1973）『ホモ・ルーデンス』中公文庫
嘉戸脩（1983）「第3章　体育の目標と内容」「第4章　体育の学習」宇土正彦編（1983）『体育科教育法入門』大修館書店
文部科学省（2008）『小学校学習指導要領解説　体育編』
島崎仁（1990）「4章（3）　運動の特性と楽しさ」松田岩男、宇土正彦、杉山重利編『新学習指導要領による新しい体育授業の展開』大修館書店

5 動きの「感じ」と「気づき」を大切にする「陸上運動」の学習評価
―― 新しいPDCA(Procedure-Dig-Change-(be)Aware)サイクルから考えよう！

(1) 学習評価の「これまで」と「これから」

① 体育の学習成果とは？

右表の①〜③は，昭和40年，昭和60年，平成21年の小学校5年生女子の体力テストの結果の一部を載せた表です。どれが何年のデータであるか，わかりますか？大学生にこの質問をすると，全体の中で最も低く思われる②を平成21年であるとし，一番記録がよいように思われる③を昭和40年にする傾向があります。皆さんはどう思いましたか？　答えは，①が平成21年，②が昭和40年，③が昭和60年です。ほとんどの学生が，この質問に正しく答えることができませんでした。それは，たくましい高齢者像（すぐれた学習者）と頼りない若年者像（劣った学習者）のイメージを，体力テストの数値の高低で判断しているからです。

表2-5 体力テスト結果（昭40，昭60，平21）

	50m走	握力	反復横跳び
①	9.6秒	16.3kg	37.9回
②	9.5秒	15.5kg	33.7回
③	9.3秒	16.9kg	38.4回

このような体力テストの結果は，体育の学習成果の指標としてよく用いられます。しかし，このように体力テストで体育の学習成果を判断することは本当に可能なのでしょうか？　もし，このような平均をもって現代の子どもたちの体力の数値が低く深刻な状況であるというのであれば，それと変わらなかったり，むしろ低かったりする昭和40年代の子どもは，今の子どもたちと同様に深刻な問題を抱えていたといわれてもおかしくはありません。しかしながら，多くの人たちは，昭和40年代の子どもたちに体力的な問題を感じていません。すなわち，このことは，体育でいう体力の向上を単純に身体能力の出力だけで評価することに対する警鐘ともいえます。

② 学習評価の実際

右の囲みのような言葉は、子どもたちの成長を願い、発せられた言葉であると思います。そして、これらの言葉かけをよく耳にします。一方で、

> 「A美さんは足がとても速いね。」
> 「B男君のハードリングがとてもきれいだね。」
> 「C太君はリズミカルな助走をするといいね。」
> 「D香さんは、ジャンプが苦手みたいだね。」

これらの言葉からは、体の性能を高めることを中心にして運動のおもしろさをとらえ、単調なトレーニングにつながっている現状を垣間見ることができます。このような授業では、「足りない力（動き）」は何かを識別し、それを獲得させていくことに重きが置かれているといえます。すなわち、「体」をロボット（モノ）のようにしてとらえ、そのロボットに多くの動き方を覚えこませて、メモリを増やしていくような学習であったといえましょう。これは、体の動きを脳が支配しているととらえているといえます。しかし、平成10年改訂の学習指導要領で「心と体を一体としてとらえ……」が、体育の目標の大前提となったように、心身一元論的な見方から評価する必要があると考えられます。

③ 動きの「感じ」と「気づき」を大切にした学習評価

ライト（Light, 2008）は、心と体を一体としてとらえることは、学習における「身体」とその「感覚」の重要性を暗示していると述べています。近年、「習得」ということが強調されております。これを、心身一元論からとらえれば、身体で動くこと、感じること、考えることを通して、運動とかかわる学習者が、その世界に適応し、なじんでいくプロセスであるととらえることができます。つまり、学習している身体が何かを構造的に身に付けていくととらえるのではなく、身体そのものが変化していくことであるととらえることができます（Light, 2008）。言い換えれば、学習とは、学習者が「なっていくこと」のプロセスであるともいえます（Begg, 2001）。

例えば、水泳の授業で、学習者は、1本あるいは2本の指などで泳いだ後、何も振り返ったり考えたりすることなく、握りこぶしで泳ぎました。学習者は、このような経験を通して、動くことの「感じ」を味わい、水を押して移動する

身体に「気づいて」いきました。また、教師は、身体のあらわれから動きの「感じ」を探求する学習者の「気づき」を評価し、発問的かつ共感的指導に生かしていきました。この例にみるように、学習は、感覚的な認知であり、それは、自己内対話や自己と他者、自己と学びの場、自己と学びの文脈の間に生まれる身体そのもので感じる認知的な相互作用であるといえます（Gunn, 2001, p.96）。したがって、動きの「感じ」を評価（味わい）し、それに基づいた「気づき」を評価（変化を見取る）していくことが「学習と指導」と表裏一体となった評価につながっているといえます。

(2)「これから」の学習評価を実践してみよう！

① Step 1：学習評価について考え直そう！

学習評価の機能は、「①学習者の自己理解・自己評価の支援」「②指導の改善の手がかり」「③結果の証明を記録するための基礎資料」として機能すると考えられてきました。とりわけ、指導の説明責任と指導の結果の責任が強調され、③の機能が、学習評価の考え方を代表しているようにさえ思われてきました。したがって、「評価しなければならない。評価があるから……」といった考え方に基づく、他律的かつ管理的な評価が実践されてきたといえます。

しかしながら、宇土（1995）は、③を補助的機能であるとし、評価の主たる機能は、目的的機能である①と手段的機能である②としています。つまり、図2-3のような構造が成立しており、この二つが不分離な関係となる円の重なりの中心に、学習と指導と一体となった教育性の高い評価を見出すことができます。した

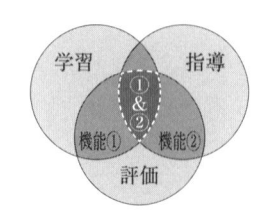

図2-3　評価の構造

がって、学習者が動きの「感じ」にふれ、その中で「気づく」①の機能と、指導者が、動きを「感じ」て「気づき」を見取り、かかわる②の機能が、調和していくことに一体化を見出すことができます。まずは、学習評価を学習や指導と一体となった、それらをよりよく支えるものであるという考え方から見直していきましょう。

② Step2：評価計画を構想しよう！

次に，評価を実践する上で，その計画を立ててみましょう。

動きの「感じ」と「気づき」を大切にした評価には，三つの位相があるといえます。それは，動きの「感じ」における評価と「気づき」における評価と，これらの全体を学びのまとまりとしてとらえた評価です。これは，図2-4のように，動きの「感じ」を当該単元で目指していく方向性としてとらえ，「気づき」を学びの姿からとらえて評価規準を設定していくことができると考えられます。

```
─────────< 気づき >─────────→  探求していく
                                動きの「感じ」
```

図2-4　動きの「感じ」と「気づき」から考える評価規準

例えば，用具を投げる運動として「身体と用具が一つのようになってなめらかに動き，力強く用具が押し出されていく感じに触れながら（「感じ」），身体全体の動きについて繰り返し経験し，試行錯誤し（学びのプロセス），私が用具を投げる動きと運動の関係に気づいている（「気づき」）」というように，「意欲・関心・態度」「思考・判断」「技能」を一体として評価規準を設定することが可能でしょう。このような評価規準に立った見取りの中で，それぞれの観点の学びとそのつながりが明確になり，評価が機能していくと考えられます。したがって，「感じ」と「気づき」が「いま－ここ」でどのように起きているかを評価し，「なっていきたい」自分を学習者が見出し，教師が見取ることを可能とします。

③ Step3：学習評価を導入しよう！

動きの「感じ」と「気づき」を大切にした評価の実践を考える上で，ボール運動・球技の授業づくりで，グリフィン（Griffin, 2005）が提示した伝統的な学習モデルと新しい学習モデルの違いは興味深い考え方を示しています。

表2-6　新しい学習モデルと伝統的学習モデルの比較 (Griffin, 2005；鈴木改変)

		伝統的な学習モデル	新しい学習モデル
身体観	身体観	心身二元論	心身一元論
目標	目標	文化を伝承すること	文化を生み，応用すること
	成果	パフォーマンス	思考と意思決定
教授	指導	教師中心	子ども中心
	学習内容	技術に基づいている	コンセプトに基づいている
	状況	教師と子どもの相互作用	多様なかかわりによる相互作用
	教師の役割	情報の伝達	問題解決の支援
	学習者の役割	受動的に学ぶこと	能動的に学ぶこと
	評価	修正・調整（フィードバック）	学んだことの証明と学びのプロセスへの寄与

　伝統的な学習モデルでは，学習者は，提示された動きを身に付けていくために，モニターする役割を評価が担うと考えられます。つまり，動きが正確にできているかどうかが評価され，修正・調整する中で動きを学んでいくといえるでしょう。一方，新しい学習モデルは，「いま-ここ」で学習者が，多様なかかわりの中で動きをひろげていくために，ビューワーする役割を評価が担うと考えられます。つまり，動いている「感じ」を味わっている世界が，解釈され，提示され，学びを共有し，「気づき」を促し，それが履歴として「いま-ここ」を支えていく評価になっていくといえます。したがって，評価の導入には，三つの位相を表2-7のようにとらえ，実践していくとよいでしょう。

表2-7　評価の三位相

評価	評価の具体的な行為
「感じ」の評価	「感じ」の解釈
「気づき」の評価	「気づき」の振り返り
全体の評価	学びの見取り

④　Step4：学びを見取る

　とはいっても，学びを見取るということは簡単なことではありません。そこで，この学びの見取りをするために，学習者がふれている動きの「感じ」と「気づき」ということに注目して，学習者の行為規準として設定しておきましょう。これは，教師や学習者の学びの支援となるはずです。

以下，作成手順について説明をします。

a）ふれてほしい動きの「感じ」を明確にする。
b）学習者の個人的特性を踏まえ，その履歴の道筋について方向づける。
c）「気づき」の出来事と内容について考える。
d）動きの「感じ」と「気づき」に注目して学びを見取る行為規準を作成し，授業実践に役立てる。

表2-8　見取りのための行為規準例（石塚諭教諭の実践報告より）

	無意識・・・・・・・・・・（気づき）・・・・・・・・意識			
	「気づき」「感じ」	動きのおもしろさへの「であい」	動きのおもしろさへの「気づき」	動きをおもしろくするための「工夫」
違和感	身体がぎこちない不安定な「感じ」	ふだんの「走り」では味わえないおもしろさにであっている。	リズムを感じたり，巧みな身体の使い方に気づいたりし，行い方を試している。	よりおもしろくするための動きやコースを工夫して，走ることを楽しんでいる。
（感じ）	身体が新たな動きや場に対応できたりできなかったりする「感じ」	動きや場をくずすことで，うまくできるかできないかを試し始める。	身体の動きを調整してスムーズに走れるかどうかを楽しんでいる。	他グループの場や行い方の違いを共有し，できるかどうかを楽しんでいる。
一体感	身体が巧みに動いたり自在に動いたりする「感じ」	くずしてきた動きが「自分の動き」に変わり，巧みに走ることを，感じている。	さまざまに身体の動きを調整して心地よく走ることを楽しんでいる。	仲間と走ることのおもしろさを工夫し楽しんでいる。他のグループの工夫を自分たちに取り入れて楽しんでいる。

（3）「学習評価」から「学び評価」へ新しい"PDCA"サイクル

　学習評価は，PDCA，つまり，Plan-Do-Check-Actionのサイクルの中でとらえられることが一般的です。しかし，これは，「獲得モデル」の伝統的な学習の考え方に立って考えられる場合が多いように思われます。それは，獲得するモノを身に付けるための活動のプランを考え，その練習を行い，そこで出力された結果を計画と比較して比べ，修正して新しい学習行為と指導行為を繰り返

していくように授業を考えがちであるためです。

一方，動きの「感じ」と「気づき」を大切にした「陸上運動」を考えた場合，まずは「やってみて」そこから「感じ」を生み出すことが大切です。「感じ」は，やってみなければ味わえず，生まれません（Procedure）。そして，その「感じ」に支えられながら，こだわりをもった探求をしていきます（Dig）。この探求の中で，「なっていく」という変化を繰り返し，学習を進めていきます（Change）。そして，その変化のプロセスの中で「気づき」を振り返り，「いま-ここ」での「なっていきたい」自分を見つめていくといえるでしょう。「感じ」と「気づき」を大切にした評価は，「やってみる」―「ひろげる」―「ふかめる」という学習過程（細江・池田ら，2009）における評価ともいえます。　　（鈴木直樹）

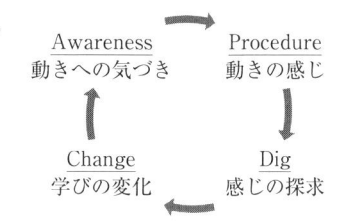

図2-5　新しいPDCAプロセス

〈参考文献〉
Begg, A.(2001) Why more than constructivism is needed. In S. Gunn & A. Begg (Eds.), Mind, Body & Society：Emerging understandings of knowing and learning (pp. 13-20). Melbourne：Department of Mathematics and Statistics, University of Melbourne.
Griffin, L. & Butler, J. (2005) Teaching Games For Understanding：Theory, Research, And Practice, Human Kinetics.
細江文利・池田延行ら（2009）『小学校体育における習得・活用・探究の学習　やってみる　ひろげる　ふかめる』光文書院
Light, R. (2008) Complex Learning Theory-Its Epistemology and Its Assumptions About Learning：Implications for Physical Education. Journal of Teaching in Physical Education, 27, Human Kinetics, Inc. 21-37
宇土正彦（1995）『体育学習評価ハンドブック』大修館書店

ちょっと一息

走るスピードには何が影響するの？

　走るスピードとは，50mや100mなど走った距離をタイム（時間）で除したものです。つまり，100mを10秒で走った場合，10m／秒の走スピード（走速度）となります。50m走や100m走を速く走るためには，スタートから最大スピードが出るまでの距離を短くすること，最大スピードを高めること，最大スピードを維持し落ちるスピードを少なくすることです。そして，この三つの中でタイムに最も影響を与えているのが，最大疾走速度であると報告（松尾ら，2008）しています。そして，走スピード（走速度）は，脚の回転の速さであり，1秒間に足が接地する回数で表されるピッチ（stride frequency）と片方の足の接地から他方の足の接地までの歩幅で表されるストライド（stride length）との積で成り立ちます。ストライドとピッチは相反する関係にあり，同じ走スピードであれば，一方が増加すると，もう一方が減少する関係となっています。

　宮丸（2001）によると，1～12歳までの疾走能力の発達は，男女とも歩数よりも主に加齢にともなう歩幅の増大によるとみられ，男子の15～17歳における疾走速度の増大は歩幅より歩数の増大によるものと考えられると報告しています。さらに，2003年に小学1年生であった児童（男子43人，女子38人）の50m走を小学6年生まで6年間追った未発表資料（有川）では，疾走速度は男子4.44m／秒から5.89m／秒，女子4.34m／秒から5.67m／秒に学年が上がるにつれて増大し，ストライドは男子1.09mから1.49m，女子1.09mから1.50mに，学年が上がるにつれて長くなりました。しかし，ピッチについて男子は4.08回／秒から増加や減少をしながら3.96回／秒に，女子も3.98回／秒から増減をしながら3.78回／秒に変動しましたが，経年的には明確な変化が見られませんでした。

　100m走の世界記録（9.58秒）をもつジャマイカのウサイン・ボルト選手は，100mを41歩で走ったことから，100m走のスピードは，平均10.44m／秒であり，平均ストライド2.44m，平均ピッチ4.28回／秒となります。そして，松尾ら（2010）のデータから計算すると，60m付近は，疾走速度12.26m／秒，ストライド2.75m，ピッチ4.46回／秒でした。また，男子一流スプリンターを分析した福田ら（2008）によると，レース60m付近での分析において，タイソン・ゲイ選手（9.85秒）は，疾走速度11.85m／秒，ストライド2.42m，ピッチ4.90回／秒，朝原宣治選手（10.14秒）は，疾

走速度11.56m／秒，ストライド2.42m，ピッチ4.78回／秒と報告し，平均的な傾向ではストライドは疾走速度が高い選手ほど大きくなる傾向があり（$r=0.846$，$p<0.001$），ピッチも疾走速度との間に有意な正の相関（$r=0.293$，$p<0.05$）が認められたと報告しています。

　速く走るためには，ストライドを大きく，ピッチを速くすると走スピードが高まり，50m走や100m走が速くなります。ストライドは接地距離（足が接地した時の身体重心と，同じ足が離地する時までの身体重心の移動距離）と滞空距離（足が離地した時と，反対足が接地する時までの身体重心移動距離），ピッチは接地時間と滞空時間に分けられ，滞空期には地面に対して力を発揮できず，スピードは減少するため，接地期が重要となります。ピッチは一流選手でも小学生でもあまり変わらないので，初心者はストライドを伸ばすとよいですが，ストライドを伸ばすために，大股で走ると明らかに滞空距離が伸びストライドも伸びますが，滞空時間も長くなり結果としてピッチが遅くなります。

　また，世界一流選手から大学選手までを対象に中間疾走動作を分析した伊藤ら（1998）は，走スピードと腿上げの角度とは相関がなかったこと，走スピードと脚全体の角速度は正の相関があるが，膝や足首の角速度は負の相関がみられたことなどを報告しています。つまり，走スピードを上げるためには，腿を高く上げる必要はないこと，キック時に膝や足首を伸ばしきらないことなど，ピッチを改善するための要点となります。

　ストライドとピッチの関係は，長身者と短身者の違い，脚長の違いなど体型の特徴，筋力や柔軟性などの特徴を生かし，ストライド型やピッチ型といわれる走法を両極として，個人ごとに適切なストライドやピッチを見つけ出していく必要があります。

(有川秀之)

〈参考文献〉
福田厚治・伊藤章・貴嶋孝太（2010）「男子一流スプリンターの疾走動作の特徴——世界陸上東京大会との比較から——」『バイオメカニクス研究』12（2）：91-97
伊藤章・市川博啓・斎藤昌久・佐川和則・伊藤道郎・小林寛道（1998）「100m中間疾走局面における疾走動作と速度との関係」『体育学研究』43：260-273
松尾彰文・広川龍太郎・柳谷登志雄・土江寛裕・杉田正明（2008）「男女100mレースのスピード変化」『バイオメカニクス研究』12（2）：74-83
松尾彰文・持田尚・法元康二・小山宏之・阿江通良（2010）「世界トップスプリンターのストライド頻度とストライド長の変化」『陸上競技研究紀要』6：56-62
宮丸凱史（2001）「人間の運動発達と疾走能力」pp.1-7，宮丸凱史編『疾走能力の発達』杏林書院

第3章

「陸上運動」Q&A

1 現状と課題①
──「陸上運動系」に関する教員の意識調査結果

〈実施時期〉　平成22年2学期〜平成23年3学期
〈実施場所〉　H市（小学校），C市（小学校），S市（小学校）
〈調査対象〉　教員経験年数：5年未満33名，5年以上10年未満25名，10年以上27名

【調査結果】

（調査1）「陸上運動系」の内容についての理解度を自己評価してください。

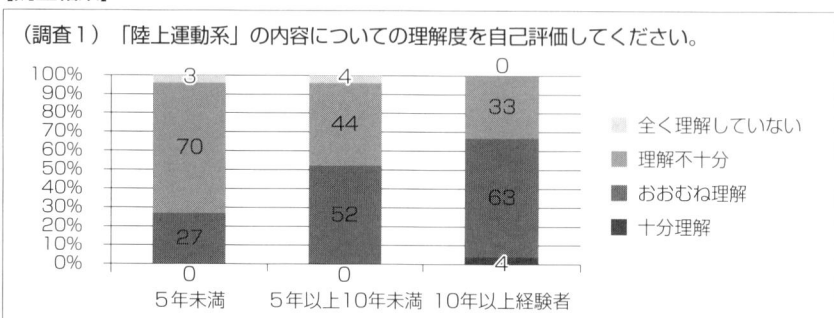

経験年数	十分理解	おおむね理解	理解不十分	全く理解していない
5年未満	0	27	70	3
5年以上10年未満	0	52	44	4
10年以上経験者	4	63	33	0

「陸上運動系」の内容についての理解度は，経験年数によって差が出ました。10年以上の経験者のグループでは70％近くの教員が理解していると答えていますが，5年以上10年未満の経験者のグループでは50％強，5年未満の経験者では30％弱の教員が理解していると答えています。経験が浅い教員ほど「陸上運動系」の内容について心配を抱いていることがうかがい知れます。

（調査2）低学年の「走・跳の運動遊び」の重要性をどのように感じていますか？

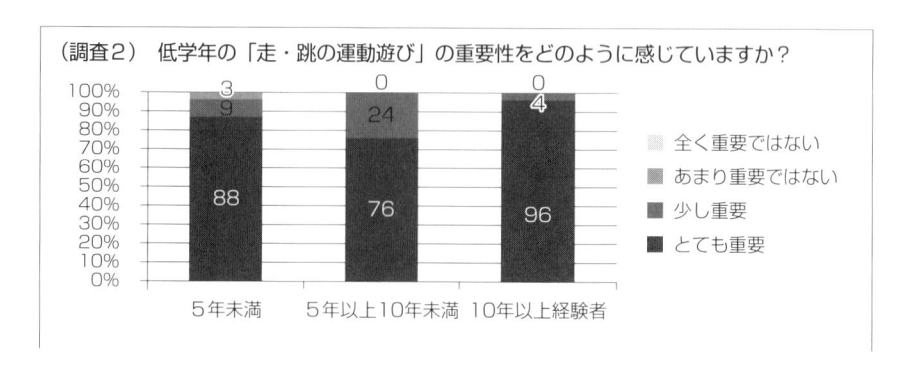

経験年数	とても重要	少し重要	あまり重要ではない	全く重要ではない
5年未満	88	9	3	0
5年以上10年未満	76	24	0	0
10年以上経験者	96	4	0	0

第3章 「陸上運動」Q&A

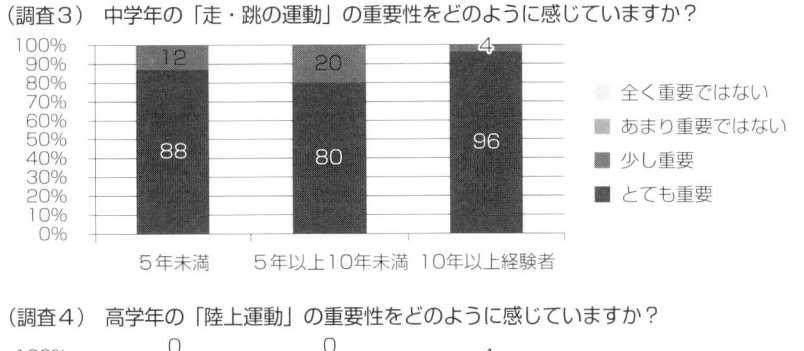

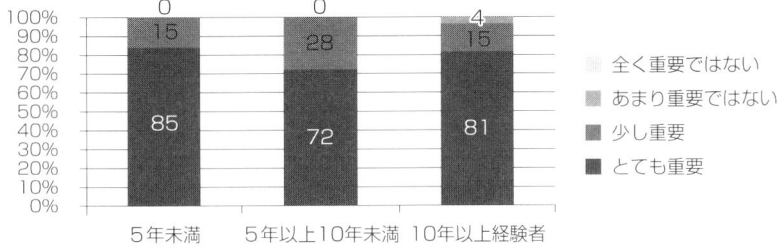

（調査3） 中学年の「走・跳の運動」の重要性をどのように感じていますか？

経験年数	とても重要	少し重要
5年未満	88	12
5年以上10年未満	80	20
10年以上経験者	96	4

（調査4） 高学年の「陸上運動」の重要性をどのように感じていますか？

経験年数	とても重要	少し重要	あまり重要ではない
5年未満	85	15	0
5年以上10年未満	72	28	0
10年以上経験者	81	15	4

　調査2～4において，どのグループでも「陸上運動系」の重要性を認識している教員が大多数を占めました。この領域に対する重要性についての認識がある一方で，次の調査結果をみると，その授業づくりや授業実践に対する難しさ（調査5）を感じている教員も高い割合を示していました。「陸上運動系」の「何をどう教えるか」の「何を（内容）」の部分について重要であることは認識しつつも，「どう教えるか（方法）」の部分については具体的に考えていくことが難しいと多くの教員は感じているようです。「何を」の重要性については高い数値（調査2～4）を示していますが，そもそも「何を」のその中味についての認識はどうでしょうか。

　「陸上運動系」の内容についての理解度（調査1）は，平均して約半数の教員が理解不十分と答えていますが，その重要性（調査2～4）については，ほぼ100％に近い割合で「重要である」と答えているのです。ここにある矛盾が生じていることにお気づきでしょうか。通常は，内容に理解があるからこそ重要性を感じるのではないでしょうか。しかし，この意識調査結果を見るかぎり，逆転現象が起きていることがわかります。この逆転現象が生まれる背景として，約半数の教員が，経験的もしくは感覚的に「陸上運動系」の重要性を感じていると考えられます。つまり，学習指導要領の内容を受けてではなく，教師自身が経験してきたことをもとにして，授業づくり・授業実践が展開されていると考えることもできるのではないでしょうか。そのため，調査5で「陸上運動系」が他の運動領域に比べて難しいと答えている割合が高いのは，学習内容の理解が不十分なため，その内容をどのように授業で具現化していくかが不明瞭になってしまっている現状があるのではないかと考えられます。つまり，「陸上運動系」の「何をどう教えるのか」の「何を」の部分が不在の中で「どう教えるか」を考え，授業づくり・授業実践に取り組もうとしているところに難しさを感じていると解釈できないでしょうか。

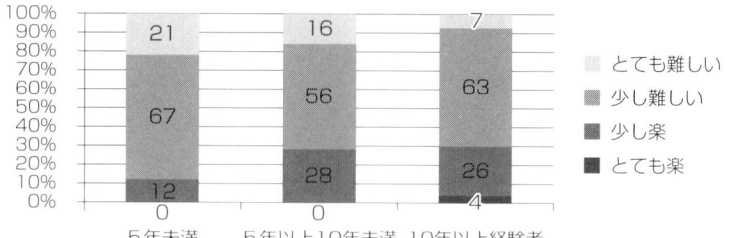

(調査5)「陸上運動系」の授業づくり・授業実践を他の運動領域と比べてください。

	5年未満	5年以上10年未満	10年以上経験者
とても難しい	21	16	7
少し難しい	67	56	63
少し楽	12	28	26
とても楽	0	0	4

　経験年数によって，差が表れています。経験年数が上がるに連れて「とても楽・少し楽」と回答する割合が増えるとはいえ，多くの教員が授業づくり・授業実践に難しさを感じていることがわかります。5年未満は約90％，5年以上10年未満は約70％以上，10年以上経験者は約70％という高い割合で授業づくり・授業実践の難しさを感じていることがわかります。
　「陸上運動系」の内容について理解している割合（調査1）と授業づくり・授業実践に対して「少し楽・とても楽」と答えている割合（調査5）を比較すると，後者が下回っています。「陸上運動系」の内容はある程度理解しているのだけれども，実際に授業を行うとなると難しさを感じる教員が少なくないということです。この差に関しては，これから「陸上運動系」の授業づくりについてどう取り組んだらよいか，授業づくりのヒントやポイントを得たいという現場のニーズが数値として表れているようです。

（寺坂民明）

2 現状と課題②
―― 「陸上運動系」の実践に対する現場の実感

　平成20年改訂の学習指導要領では「走」「跳」の運動の指導内容が包括的に示されました。学校では，この陸上運動を運動の基礎と考え，日々の体育授業の中で取り組まれています。しかし，陸上運動はいたって個人的で自己の能力に限界さえ感じ，楽しくないと思っている子どももいるようにも思います。
　だからこそ，教師は自己のわずかな成長に気づかせ，意欲化を図ろうとさまざまな工夫を駆使しているのではないかと感じることがあります。
　そこで，私の参観した授業実践から現場の実際と実感について述べたいと思います。
　2年生の「跳の運動遊び」を単元とする授業を観た時です。まさに，学習規律が身に付いており，まず安全を期すために校庭に大きな石がないか，子どもたちが進んで取り除いていました。そして，整列も早くそれぞれの子どもが「これから運動しよう」という意気込みを感じることができました。これは，日頃の学級経営がきちんとなされ，教師と子どもの信頼関係に基づくものでした。
　展開部分では，「跳ぶ」という単純な動きをさまざまな場を設定して，その場に合った動きができるよう工夫がなされていました。なかでも，「大河を跳ぼう」ではワニのいる川を跳び越すというストーリー性をもたせ，子どもたちに跳ぶことの必要感をもたせるとともに，跳べた時の満足感やより広い川幅を跳ぼうとする挑戦意欲を起こさせ，楽しみながらより遠くへ跳ぶ技能を高めるものでした。
　次に6学年の走り高跳びの授業を観た時です。苦手な子どもでも意欲的に取り組めるようにするため，体格や走力による個人差に合った目標記録を工夫した授業でした。まず，身長と50m走の記録から個々人の目標を設定していました。単元を通してグループを取り入れ，競争の仕方も工夫して走り高跳びを楽しく取り組めるような展開構成でした。また，目標記録達成への手立てでは高さを変えるとともに助走の長さ，助走の角度，バーの本数を変えるなど，めあてに合った場で練習させ，子どもたちは自己ベストを目指していました。
　最後に5年生のハードル走の授業を観た時です。ハードルをリズミカルに越える技術を身に付け，記録を高めることが目標として設定されていました。
　自分に合った課題をもち，記録に挑戦して楽しむ授業が展開されていました。ハードルの幅や高さを変えた練習法に加えて，恐怖心をなくすためゴムハードルを使ったり，水平な跳び方をさせるためハードルの上にスポンジをつけたりして確かな跳び方ができるように工夫していました。さらに，デジカメを活用してム

ービーで自分のフォームを確かめられる時間も計画の中に位置づけられていました。
　これらのことから私が実感したことを以下のようにまとめてみました。
①どの教科でも始業とともに授業が成立することは大切ですが，特に体育授業は安全でしかも運動量の確保という面から一層大切であると考えます。
②陸上運動は，ともすると競争にのみ目が向いてしまうところ，子どもたちが楽しみながら競争・達成できるように場を工夫していると感じました。
③自己の記録を取り，現状を把握する中で，自己の目標を設定させ，意欲化を図っています。このような数値化の傾向は学年が進むにつれ強くなっていると感じました。
④技能の向上・持続化に向けての教材・教具の開発に努め，効果を上げていると感じました。
⑤自己の動きを見直すために視聴覚機器の活用は効果的であると感じました。

(H市職員)

【現状と課題を踏まえて】

　ここまで見てきたように，現状では，さまざまな工夫を凝らし授業を展開する中で，最終的に「競争すること」や「記録を達成すること」ことを目指し，いわば技能の向上に焦点化した授業展開の傾向にあるといえます。特に自己の動きを視聴覚機器で客観視したり，自己の技能を数値化したりする点においても，自己をモノ化してとらえているといえるでしょう。これは，動きの「感じ」や「気づき」といった子どもの内側の視点が，軽視されている状況にあるのではないかと考えられます。つまり，「競争」や「達成」ありきであることと，子どもたちの外側の部分である学習環境に目を向けることに，多くの力が注がれてきたようにとらえられます。しかし，動く主体は子どもたちです。子どもたちの内面にも同じように目を向けていく必要があります。

　このような現状を踏まえると，「陸上運動系」の学習観のとらえ直しが急務であると考えられます。そこで，次節では，「陸上運動系」の授業づくりに関して寄せられることの多い質問について，動きの「感じ」や「気づき」を大切にした授業づくりの立場から回答していきます。

(寺坂民明)

3 「陸上運動」Q＆A

Q1 「陸上運動系」の学習内容について教えてください。

> どの学年においても，走ることや跳ぶことは，他のスポーツにつながる動きだと思うので重要だと考えます。しかし，具体的に何を学ばせるのかがよくわからず，授業づくり・授業実践に生かすことができていないと感じています。「陸上運動系」の学習内容について具体的に教えてください。

A 陸上運動系の学習内容といってすぐに頭に浮かぶのは，短距離走，ハードル走，走り高跳び，走り幅跳びなどに代表される陸上の競技種目ではないでしょうか。しかし，種目そのものを学ぶことが学習内容ではないことは，すでに本書で述べてきたとおりです。私たちが，一般的に学習内容と考えている種目は，内容というよりも活動といえます。そして，それらの活動は，図3-1に示すように，学習材（教材）であって，内容はその学習材（教材）を通して学ばれる「こと」であるといえます。私たちは，学習を競技種目の経験とその能力の向上ととらえてしまいがちで，この学習内容を不問にしてしまいがちであるように思います。例えば，学習指導要領には，短距離走・リレー，ハードル走，走り高跳び，走り幅跳びなどが技能の内容として示されていると思われがちですが，実際には，次のように示されています。

> (1) 次の運動の楽しさや喜びに触れ，その技能を身に付けることができるようにする。
> 　ア　短距離走・リレーでは，一定の距離を全力で走ること。
> 　イ　ハードル走では，ハードルをリズミカルに走り越えること。
> 　ウ　走り幅跳びでは，リズミカルな助走から踏み切って跳ぶこと。
> 　エ　走り高跳びでは，リズミカルな助走から踏み切って跳ぶこと。

すなわち，＿＿線部が活動を指し，～～線部を技能の内容ととらえることが可能です。

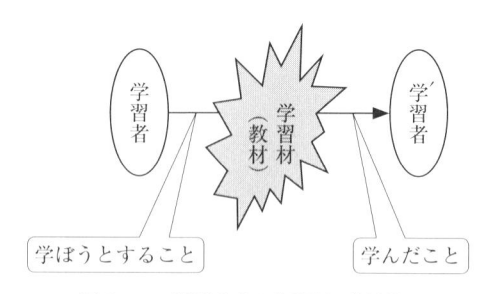

図3-1　学習内容と学習材（教材）の関係

　本書では，技能や態度，思考判断は分離して学ばれるものではなく，一体となって不分離なものとして学ばれていくととらえているので，ここで学習内容といった際にも，それらは一体のものとしてとらえていきたいと思います。その中で，子どもたちが，学習材としての活動に参加するにあたって，「学ぼうとすること」と「学んだこと」の二つの側面から学習内容を考えていくことが必要であると思います。「学ぼうとすること」とは，問題解決する対象となります。一方，「学んだこと」とは，問題を解決する際に，感じて気づいたことになるといえます。

　例えば，短距離走では，スタートからゴールまでスピードを上げて，スピードを落とさないようにゴールすることを目指します。リレーでは，ここにリズムをくずす要素として人にバトンを渡すという行為が加わります。また，ハードル走では，ハードルというものが走るリズムを壊す要素となりますが，ハードルを越え，スピードを落とさずにゴールまで走りきることが目指されます。走り幅跳びや走り高跳びは「走ること」「跳ぶこと」の二つの動きが組み合わされることによってリズムがくずされ，より遠く，より高く跳ぶために，それらを円滑につないで運動をします。すなわち，どの教材でも，「リズミカルに身体を移動させるおもしろさ」に対して，それをくずすという要因（距離，

障害物，課題）が異なることによって「学ぼうとすること」や「学んだこと」といった学習内容が異なっているといえます。したがって，活動とは，運動する主体としての自己が，他者とどのようにかかわり，距離や障害物，課題などのモノとかかわり合っている可視化される現象であって，教師は，まず，子どもたちにどんな「リズミカルに身体を移動させるおもしろさ」にふれさせたいのかということから導かれる学習内容という視点から，学習材を考えていく必要があると考えます。このように，「活動→内容」ではなく，「内容→活動」と考えることで陸上運動系の学習内容は明確になってくると思います。したがって，具体的な学習内容があらかじめ存在しているというわけではなく，この「おもしろさ」の探求と運動という場に参加する子どもたちの関係性によって学習内容が具体的になるといえます。

　このようなことから，この学習内容を学ぶことを保障するためには，学習課題としての「リズムくずし」をどのように教材として活動に組み込むかということと，これをどのように解決していくプロセスを用意するかということを子どもの論理から検討することが授業づくりの鍵になります（「探求したい運動のおもしろさ」の設定）。このかかわり合いの視点は，「モノ→他者→自己」という流れで強調されると子どもにとって「やさしい」学びのプロセスを生み出すことができると思われます。

（鈴木直樹）

Answerを聞いて…

　昨年6年生を担任し，9月にリレー，11月に走り高跳び，3月にハードル走の授業を行いました。自分の授業を振り返ってみると，どの教材においても，バトンパスや踏み切り動作，足を抜くことなどの技術指導の要素の強い授業になってしまいがちであったと反省しています。

　そのような中で，ハードル走の授業において，子どもたちの姿で印象的であったことがあります。それは，より高さのあるハードルを跳び越しながら進むことを楽しむ子どもと，少し低めのハードルを流れるように跳ぶことを楽しむ子どもの両者の姿が見られたことです。回答を聞いて，その両者の姿は，子どもたちが"リズムをくずす要因"とであい，かかわり合う中でそれぞれが"リズミカルに身体を移動させるおもしろさ"を味わっていく様子であったのだと自分なりに感じました。

今後，陸上運動系の授業を実践するにあたっては，子どもたちと"リズムくずし"とのであいを大切にし，そのかかわり合いに注目していきたいと考えます。そして，「おもしろさ」の探求と運動という場に参加する子どもたちの関係性によって学習内容が具体的になっていく授業づくりを目指していきたいです。

(埼玉・4年目・女)

Q2 「陸上運動系」の系統性について教えてください。

　「○○遊び」という名称ですが，小さいときからたくさんの走り方や跳び方にふれておくことは，高学年への学習につながる部分があると思うので大切だと感じています。しかし，低・中・高のつながりに系統性をもたせ，適切に授業づくりをしているのか不安になることがあります。「陸上運動系」の系統性についてわかりやすく教えてください。

A
　本稿では従来述べられている技能の系統性ではなく，「動きのおもしろさ」という視点から，陸上運動系の系統性にお答えしたいと思います。

　低学年期はモノ（物質的な用具だけではなく，自然や人などを広く環境ととらえるため「モノ」と表記する）それ自体から誘われることが大きい時期です。まずは，そのモノから働きかけられる世界でたっぷり動きのおもしろさを味わわせたいものです。例えば，くねくねに張られたロープ，ジグザグに置かれたコーン，平面な校庭に置かれた段ボールやミニハードルといったモノです。低学年期の子どもたちはそのようなモノから敏感に働きかけられます。まず，そのモノを介して運動すること自体が子どもにとっておもしろいのではないでしょうか。そして，モノとたっぷり遊ぶ，そんな状況に低学年期で学ばせたい学習内容が埋め込まれているのです。この時期の子どもの発達としては認知面も身体組成も未分化な状態です。まず，教師の提示した学習材で遊び，それになじんできたところで自分たちなりに遊びを組み替えさせる学習を計画します。子どもたちは，自分たちで遊びを組み替えて，それに夢中で取り組んでいく中で徐々に遊びの場を複雑にしていくものです。遊びが複雑になっていく過程に，それまでの動きにむだがなくなったり，それまで使わなかった体の動かし方が

現れてきたりします。それが，多様な動きであるととらえられるでしょう。したがって，教師はねらいたいものを軸としながら，その活動を広げていく手助けをすればよいでしょう。この「広げていく手助け」が教師の専門性といえるでしょう。

　中学年期は他者とのかかわりで動きのおもしろさを広げていくことを大切にしたいです。その意味で，この時期のキーワードは「仲間」と「調子よく」です。他者意識が強まってくるこの時期は，仲間とアイデアを出し合ったり，仲間と競争したりして運動を楽しめるようになってきます。さらに，意識的にはずみや勢いをつけることによって，さらに多様な動きのおもしろさを感じたり，洗練された動きに変化したりするでしょう。この時期，子どもたちの神経系の発達が著しい年代で，さまざまな神経回路が形成されていきます。子どもたちは，既存のものをより複雑にして活動するようになります。その複雑になり，難しくなった場で力いっぱい活動するところに学ばせたいものが埋め込まれています。教師は仲間との活動が広がるような手助けをしたり，はずみや勢いがつくような発問や提案，友だちの活動の紹介をしたりしながら，授業を展開していきたいものです。

　高学年期は子どもたちの認知的側面が発達してくる時期といえ，自分や友だちの動きについて客観的に分析できる力が育ってきます。この時期は，「自己」への気づきを大切にしたいです。高学年だからといって競走（争）や記録の達成に固執しすぎるのは子どもの学びを歪曲させてしまいます。その運動の醍醐味は記録の達成だけではないということを踏まえて授業づくりを行います。ここでは，「自己」への気づきといった観点から，その運動の感覚的なおもしろさにであわせたいものです。ハードル走ならハードル走ならではのリズムの感覚であったり，走り幅跳びなら走り幅跳びならではの体がふわっとする感覚であったりです。それぞれの運動領域で自分なりの心地よい行い方を感じられるようになってきます。自分なりのこだわりが「自己」への気づきへとつながってきます。自分なりのこだわりに向けて，動き方を修正したり，場を組み替えたりすることが求められるでしょう。

ここでは動きのおもしろさから系統性を述べました。技能が向上したり，記録が伸びたりするのはその運動のおもしろさの一つにすぎません。まずは，その運動の中核となるおもしろさは何なのか？　といったことを明確に教師がイメージしておくことが必要です。その運動の中核となるおもしろさにふれていく状況の中に，求めている動きが洗練されたり，動く感じのおもしろさやコツに気づいたりするといったことが埋め込まれています。教師はほめたり，共に動いたり，助言を送ったりしながら，その学びの場を支えてください。

(成家篤史)

Answerを聞いて…

　系統性＝技能だった私にとって「動きのおもしろさ」という視点は，大変興味深いものです。子どもたちの発達段階を考慮することやその運動のもつおもしろさを教師が明確にイメージすることで，運動が得意な子もそうでない子も伸び伸びと学習に取り組んでいけると感じました。

　これまでを振り返ると，技能の向上にばかり目を向けることでトレーニングのような授業に陥ってしまい，子どもたちにとって，その運動が窮屈なものになっていたのかもしれません。

　例えば，「ハードル走」の学習では「振り上げ足はまっすぐ」「抜き足は横から」などが強調されていました。子どもによっては，何のためにこの動きが必要なのか理解できないまま学習に取り組んでいたのかもしれません。

　低学年では「モノ」，中学年では「仲間」「調子よく」，高学年では「自己への気づき」をキーワードとすることで，子どもたちがより運動に親しめる系統性になってくるのではないかと感じました。

　運動の技能を教師が教えていくのではなく，運動のおもしろさに目を向けて，子どもたちが運動に親しみながら自然と動きが洗練されて上手になっていくような学習をデザインしていければと思います。

(千葉・4年目・男)

Q3 子どもの運動が単調にならないための工夫を教えてください。

単調なドリルトレーニングに陥りやすいのが、「陸上運動系」の授業であると感じています。ただ走らせる、跳ばせるのみに終始しているような授業になりがちです。工夫を凝らした「陸上運動系」の指導を考えるためのアイデアがほしいです。どのようにしたら子どもたちの運動が単調にならずにすむのでしょうか。教えてください。

A 授業の中で現象として形に表れる子どもたちの動きが単調なのか、それとも子どもの内面（情意的側面または認識的側面）が単調なのかを今一度自身に問うてみる必要があります。単調なドリルトレーニングに陥らないためにも、子どもたちのアクティビティが運動の魅力（感覚的なおもしろさ）に支えられているかを振り返ってみましょう。「競争（走）」や「達成」だけにこだわってしまうと、その運動の魅力を十分に味わわないままに学習が終了してしまう可能性があります。「競争（走）」や「達成」のめあてをもたせることももちろん大切ですが、それも運動の魅力や楽しさに支えられていなければ、子どもは主体的に思考・判断しようとしないでしょう。この運動の魅力（情意的側面）をベースに思考・判断（認識的側面）をする場、教師や子どもたち同士でかかわり合える（社会的側面）場、技能を高めていける（技能的側面）場であるかを再度確かめてみましょう。これらがバランスよく展開されると、きっと子どもたちの運動の楽しさの質が高まっていくはずです。この質の高まりが生涯にわたって運動に親しむ資質や能力の基礎となり、健康を保持増進し、豊かなスポーツライフの実現へと向かっていくことと考えます。

では、具体的にどのように授業をつくっていけばよいのでしょうか。陸上運動で子どもたちに味わわせたい陸上運動特有のおもしろさは何だろうと考えてはどうでしょうか。原点に返るとおのずと答えが発見できそうです。そこで、「走る」「跳ぶ」のおもしろさをどんな感じ方で味わえるかを考え、そのための手立てを工夫してみましょう。

「感じ」や「気づき」大切にする授業づくりでの「走る」ではどんなおもし

ろさがあるか。一つに「ビューンと思いっきり走りきるおもしろさ」があるでしょう。そのとき，風を切る感じやまわりの風景が流れていく感じを味わえるかもしれません。子どもたちは，コースをつくるとそこを思いっきり走り出します。その場から誘われる感じから，もっと楽しむ方法を創造していけるでしょう。低学年や中学年であればコースや距離を工夫すれば，「思いっきり」個人で楽しむ子，相手と競走して楽しむ子とさまざまな発展が生まれます。そこから，みんなで共有した走りや競走を考えていけそうです。高学年であれば，「思いっきり」を「スピードを落とさず」というテーマにつなげられるでしょう。「スピードを落とさない走り方」「スピードを落とさないバトンパス」「スピードを落とさないハードリング」などに発展できるでしょう。さらに，これらの動きから教師が子どもたちの動きに共感的にかかわったり（今の手の振りおもしろいね），また動きを促すようにかかわったり（もっと速くスタートしたかったのかな。体を前へ倒したらどうかな）する言葉かけも工夫の一つです。「ビューン」と「思いっきり」をキーワードにした授業づくりは，子どもたちの「感じ」と「気づき」から生まれるものとなるでしょう。

　次に「跳ぶ」ではどんなおもしろさがあるでしょうか。「フワッと跳ぶおもしろさ」があるでしょう。砂場やスタンドにかけられたゴムやバーを見れば子どもたちは自然と跳びだします。そのときに感じた一つに「フワッと」が出てきます。高跳びであればフワッと跳ぶ心地よさを味わうために必要な動きを子どもたちとつくっていき，（例えば：跳ぶ前はどうしよう，跳んでいるときはどうしよう，跳び終わったときはどうしよう）幅跳びも同様につくれるでしょう。さらに，フワッと高く跳ぶ，フワッと遠くに跳ぶおもしろさに発展していけば，用具や場の工夫も考えられるでしょう。「フワッと」をキーワードにする工夫も楽しめるでしょう。

　こうした，キーワードのような「感じ」をテーマにして取り組む運動は，決して単調な運動とならず目的がはっきりした子どもたちが楽しむための運動につながることでしょう。

(田中勝行)

Answerを聞いて…

　私の授業も単調なドリルトレーニングに陥ってしまっていて悩んでいました。しかしこの回答を読んで，私自身が「陸上運動系」に対して，技能的側面に偏った認識をもち，子どもたちにそのような授業をさせていたことに気づかされました。今後は技能的側面のみならず，情緒的側面・社会的側面・認識的側面らを総合的にとらえていき，子どもたちとの対話の中からその運動のキーワードを導き出して，共に楽しみながら授業を展開していきたいです。

(埼玉・3年目・男)

Q4　個人差に対応するための具体的な方法を教えてください。

「陸上運動系」は個人差がはっきりする領域であり，子どもたちの好き・嫌いがはっきり分かれるように思います。その点をどうカバーして，子どもたちにどうとらえさせるかが難しいです。個人差に対応するための具体的な方法を教えてください。

A　人はなぜ，走り，跳ぶのでしょう。子どもを観察していると，自然に走りだします。廊下を走るなと言われても走ります。階段でも数段上から飛び下りようとします。ハードル走を見ていると，狩猟をするときに障害物を乗り越えて獲物に向かっていくようなイメージが湧きます。

　同じ学年でも，身体的成熟度には個々によって差が見られます。また，身体的な特徴にも差が見られます。小学校3年生の骨の発達年齢は，小学校1年生から6年生までの幅があると聞いたことがあります。

　陸上運動の種目は，走・跳の運動が取り上げられていますが，どれも個人種目です。競争をする前から負けることがわかっていたら，やる気は失せるでしょう。勝敗の未確定性が競争する大前提です。個人差にいかに対応して運動の楽しさを味わわせるかということに，教師はいろいろな取り組みをしてきました。陸上運動の記録は，走力や身長に強い相関があります。

取　組	方　　　法
8秒間走	スタート位置から1m刻みにラインを引き，8秒間でゴールをする。
40m ハードル走	40m走の記録を計測し，下記の計算式で目安となる記録を求める。目安の記録を6点，−0.1秒を7点というように得点化する。 40m走の記録＋0.3×ハードルの数
走り高跳び ノモグラム	50m走の記録と身長から下記の計算式で自分の目安の記録を求める。目安の記録を6点とし，−1〜−3cmを5点というように得点化をする。 0.5×身長−10×50m走の記録＋120 （子どもの実態に合わせて110や100にしてもよい）
シフト幅跳び	50m走の記録から基準値を求め，基準値−2mが踏切位置のシフトする距離になる。2m先の5点（10cm間隔に得点化する）の位置に着地するように設定する。

　上記の方法で得点化をし，個人対個人の競争やグループ内競争，グループ間競争も可能になります。また，この得点化を使って，ハードル走・走り高跳び・走り幅跳びの3種競技に取り組んだこともありました。

　これらは，機能的特性の競争型という窓から陸上運動の楽しさをみた方法です。しかし，動きの「感じ」と「気づき」を大切にした授業づくりでは，3歩のリズムの心地よさや「フワッ」と浮く感覚や「ビューン」と跳ぶ感覚を味わわせることを大切にしたいです。そのためには，まず競争型か達成型か，道筋はステージかスパイラルかという固定観念を取り除く必要があります。

　「コースに内在するリズムを感じるおもしろい世界（ハードル走）」や「フワッと高く跳ぶ感覚のおもしろい世界（走り高跳び）」や「ビューンと遠くに跳ぶ感覚のおもしろい世界（走り幅跳び）」などのように学習材をとらえ直してみましょう。

　これらの感じに気づくためには，「動きくずし」や「動きの誇張」がキーワードになりそうです。ハードル走で直線の等間隔の心地よいリズムを感じるために，間隔のばらばらなハードルを跳んでみたり，くねくねやカーブのコースのハードルを跳んでみたりしたらどうでしょうか。幅跳びでは，直線的に跳んだほうが効率的ですが，着地地点に輪を置いて右斜め方向をねらって跳んでみてはどうでしょう。高跳びでは，「フワッと」を味わうために，ロイター板や

跳び箱の１段目を用いたりしてふつうの踏み切りでは味わえないフワッと感を味わってみたらどうでしょう。

　そして授業では，これらの感じをテーマとして掲げ，どうすれば味わえるかの試行錯誤をし，そのコツを子どもたち同士や子どもたちと教師で共有していくと，共感・共振（相互応答的な動きができ，響き合うような一体感）が起こってきます。ここでは，個人差への対応という視点はなくなり，感じ方の差異を共有することになります。このかかわり合いを大切にしていくと，教え合いが自然に起こってくるでしょう。また，その過程で，競争を始める子どもが出てきたり，記録にこだわりが出てきたりしていくと思われます。はじめに競争ありきではなく，競争が自然に出てくる授業なんて素敵だと思いませんか。詳しくは第４章の授業実践を参照ください。

（濱田敦志）

Answerを聞いて…

　これまで，私が陸上運動を指導するときには，「機能的特性の競争型の授業づくり」のアイデアばかりを集めていました。「機能的特性の競争型の授業づくり」では，個人差を埋めることはできますが，低いステージにいる子どもを見て，多くの子どもは個々の運動能力の差をマイナスだととらえてしまうのでしょう。また，自分の苦手なところを，自分で克服しようといろいろなチャレンジをしたり，より上手に運動できるように，友だちからアドバイスをもらったりする機会を奪うことにつながっているのだと感じました。

　このような個人差を埋めようとする授業づくりでは，「進んで陸上運動をやってみよう」と自発的に運動する子どもは育たないのだと気づきました。

　「動きの『感じ』と『気づき』を大切にした授業づくり」を陸上運動の中に取り入れ，個人の身体感覚の違いを大切にするような授業づくりがこれからは求められていくのでしょう。「動きくずし」や「動きの誇張」を重視した授業づくりをすることにより，お互いの感覚の違いを話し合う中で，子どもは運動そのものの楽しさを感じることができ，自発的に運動するようになると思いました。

　ふだん，感じることのできない感覚が味わえる授業づくりを教師が行い，それを子ども同士で感覚を楽しみ合えるように授業を進めていく。その結果，自然と子どもたちが自分の感じたことを共有し合う。また，自分の考えた技や運動技能のコツを教え合う。このような授業づくりを行っていくことで，個人差を超えた学び合いが生まれるのだと

わかりました。
　これから，個人差があるからこそできる授業のあり方を日々考え，子どもと運動そのものの楽しさを追求していけるような陸上運動の授業づくりを行っていきたいです。

(広島・5年目・男)

Q5 学習効果を上げるための場づくりを教えてください。

「陸上運動系」の授業実践を通して，練習の場づくりで困ることがあります。毎回のように準備（場づくり）に時間を要します。子どもたちが理解できるとスムーズに進むのですが，それまでの準備に苦労します。学習効果を上げるための場づくりに教師はどのようにかかわっていったらよいのか教えてください。

A　練習の場づくりについては，これまでにもさまざまな実践が行われ，書籍等でも数多く紹介されています。実際に事例を参考にして実践しようとしますが，各学校の諸事情（児童数，用具の種類・数等）により事例のような実践ができない場合なども考えられます。多くの先生方は，教師の用意した「場（練習メニュー）」に子どもたちを適合させようと努めているように感じます。適合させようとすると，「こちらが考えるように子どもたちが動いてくれない」という経験をもたれたこともあるのではないでしょうか。たしかに単元の導入部分では，多かれ少なかれ子どもたちは「場」づくりの準備が必要となる場合があるかとは思います。このとき，教師には意味のある「場」ではあっても，子どもたちにとっては，意味を感じない「場」であることはいうまでもありません。このギャップをどう埋めていくかが，この問い（Q5）のポイントとなります。

　場には，大きく分けて二つの場があると考えられます。一つめは，物理的な場です。「ハードルを〇台，□コース，インターバルを△m，◇分で…」といった用具を配置した練習場のようなイメージをもっていただけたらと思います。これは，空間的・時間的な場ととらえることができます。いわば，子どもたちの外側にある学習環境といってもよいでしょう。二つめは，モノや仲間・教師

とのかかわり合いのプロセスから生まれる場です。これは視覚的にとらえきれない部分を含んでいます。このかかわり合いから「感じ」や「気づき」が創発し，「もっと○○してみよう」という学びの場（意味のある場）が展開されます。子どもたちの内側で繰り広げられる学習状況をイメージしてもらえるとよいでしょう。この二つの場のどちらが欠けても学習効果を期待することはできません。とりわけ，これまでの陸上運動系の領域では，前者に大きく関心を向けられてきたように思われます。

そこで，この両面から学習効果を上げるための場づくりを考えていきます。学習効果とは何を指すのでしょうか。『小学校学習指導要領解説 体育編』（平成20年）での各学年の目標及び内容は，「技能」「態度」「思考・判断」の３項目に分けて示されています。

つまり，陸上運動系の領域で子どもたちに求められているものは「技能」面だけではないのです。「態度」「思考・判断」面も「生涯にわたって健康を保持増進し，豊かなスポーツライフを実現する」ために重要な内容を占めています。場づくりで大事なことは，単にさまざまな種類の場を用意すれば，それで事足りるというわけではありません。教師のデザインする場が，その運動が有する特性や魅力に応じた場であるか，今一度振り返る必要があります。進んで運動に取り組む態度を養う上で大切なことです。その上で，運動欲求を満たすための活動量を保障することが求められます。さらに，その場が，子どもたちが創意工夫の余地のあるものかどうかが問われなければなりません。創意工夫の余地がないものであれば，指示されたままに動くだけの単調なトレーニングに陥ってしまう可能性があります。教師は常に子どもたちと対話をしながら，共に場をつくっていく意識をもつことが大切です。

（寺坂民明）

Answerを聞いて…

「練習の場を子どもたちのものにしていく」という考え方が大変参考になりました。私は，これまで自分が考える，もしくは知っている「場」を無意識のうちに子どもたちに押しつけていたかもしれないと反省しました。それと同時に「子どもたちにとって意

味のある練習の場」は「教師が考える授業のねらい」と方向性が一致していなければならないと感じました。「教師側がどれだけ子どもの意識にそえるか」そして「ねらいに向かうような投げかけができるか」が，子どもの「創意工夫」を導き出す重要な鍵を握ると思いました。そのために必要なことは「子どもたちと常に対話すること」「教師が実践を振り返ること」に他ならないと思います。厳しいことですが，1時間1時間，実践を重ねていきたいです。

(長野・7年目・男)

第4章

「陸上運動」の授業実践

実践例の読み方

実践例 1 〔低学年①〕

"くねくねロープをはしってみよう！"

（走の運動遊び）

【単元タイトル】
単元名はこの授業で子どもに味わわせたいおもしろさや教師の願いなどを簡潔な言葉で表しています。

1．探求したい動きのおもしろさ

● いろいろなリズムや速さで，ロープに沿って走るときに，思いどおりに体をコントロールできることがおもしろい。

この授業を構想する上でもとにしたことです。本単元で取り上げる動きのおもしろさを<u>子どもの立場に立って</u>捉えました。

2．動きのおもしろさを「感じる」工夫

①「くねくねロープをはしってみよう！」というテーマのもと，自分たちで場づくりや行い方を試行錯誤することにより，動きのおもしろさを感じると考えられる。そこで，学習材として30mのロープを用いる。ロープは場づくりが容易であり，同じモノを使用することにより，場づくりや行い方の工夫が共有しやすくなる。

ロープを20mまで1本の状態，残りの10mは輪にした。場の工夫が増えると考え，このような形にした。また，収納には段ボールを用い，ロープの中心（赤いビニールテープでマーキング）から押し込んでいくことで，次回引き出すときに絡まず取り出すことができる。

何度もいろいろな走り方やリズムで走ることにより，思いどおりに身体をコントロールできるようになっていく。【材】

②動きのおもしろさを感じるためには，競争をさせないことが大切になる。競争は一見盛り上がっているように見えるが，動きのおもしろさからは離れていく可能性もある。ロープに働きかけられ，自分の身体を動かす感じを味わわせていく。【支】

子どもが探求したいおもしろさを「感じる」ための具体的な手立てを示しています。

3．学びでの「気づき」の工夫

子どもの自由な発想を生かしながら，単元半ばからお店屋さんごっこ（ワークショップ形式）の学習形態を用い，動きをオノマトペ（擬音語・擬態語）で表現しながらグループ間の共有を促す。【形】

動きのおもしろさで「感じ」たことを「気づき」へと促すための具体的な手立てを示しています。

「2」，「3」の工夫について，どんな観点での工夫であるかについて各文の最後に【 】で示しています。

学習過程の工夫…【過】　　学習形態の工夫…【形】　　学習評価の工夫…【評】
学習材（教材）の工夫…【材】　　教具の工夫…【具】　　教師の支援の工夫…【支】
マネジメントの工夫…【マ】　　教師の声かけの工夫…【声】　　その他…【他】

第4章 「陸上運動」の授業実践

4．学びを見取るための視点（評価規準）

	無意識・・・・・・（気づき）・・・・・・意識			
	「感じ」	「気づき」動きのおもしろさへの気づき	動きの出来事への気づき	動きを工夫するための気づき
違和感	身体がぎこちない感じ	自分たちの場で止まらないで走れるかどうかを楽しんでいる。	リズミカルな走り方に気づき，行い方を試みている。	簡単な場で行い方を工夫して止まらないで走ることを楽しんでいる。
(感じ)	身体が新たな場に対応できたりできなかったりする感じ	リズムをくずす場でも対応できるかできないかを楽しんでいる。	他グループの場で，身体をコントロールして，止まらないで移動できるかできないかを楽しんでいる。	他グループの場や行い方の違いを共有し，できるかどうかを楽しんでいる。
一体感	身体が自在に動く感じ	どんな場でも止まらないで走ることを楽しんでいる。	リズムがくずれる場でも自在に身体をコントロールして走ることを楽しんでいる。	共有したおもしろい場や行い方を自分たちのグループに生かし，仲間と走ることのおもしろい世界にふれている。

＞ 教師が子どもの学びを見取っていくための規準を表にしています。この規準を考えることで子どもの学びを見る視点が変わり，働きかけを工夫できます。

＞ 矢印は学びの見通しを表しています。

5．単元の流れと実際

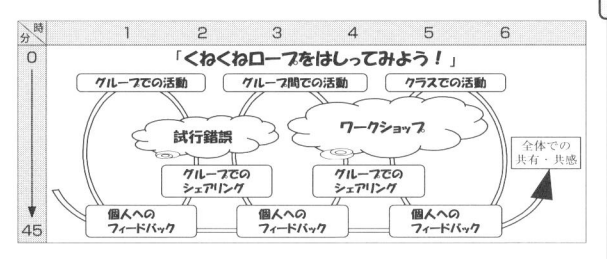

＞ 単元の流れを大まかに表しています。

「くねくねロープをはしってみよう！」
時/分 1 2 3 4 5 6
0 〜 45

グループでの活動　グループ間での活動　クラスでの活動
試行錯誤　ワークショップ
グループでのシェアリング　グループでのシェアリング
個人へのフィードバック　個人へのフィードバック　個人へのフィードバック
全体での共有・共感

6．学びのあしあと

［第1時］
　はじめにまっすぐに伸ばした状態（30m）で，ロープの上を……（以下略）

7．授業を振り返って

　子どもたちの試行錯誤から教師の想像を超えた動き方が……（以下略）

＞ 子どもの学びのあしあとを，授業中の写真やイラストを交えながら授業者が報告しています。授業者の生の声で子どもたちの様子を伝えられるように書いています。

＞ 学びのあしあとを振り返り，子どもの学びを整理することで，授業改善への糸口を模索します。

実践例1 〔低学年①〕

"くねくねロープをはしってみよう！"
（走の運動遊び）

・・

1．探求したい動きのおもしろさ

●いろいろなリズムや速さで，ロープに沿って走るときに，思いどおりに体をコントロールできることがおもしろい。

2．動きのおもしろさを「感じる」工夫

①「くねくねロープをはしってみよう！」というテーマのもと，自分たちで場づくりや行い方を試行錯誤することにより，動きのおもしろさを感じると考えられる。そこで，学習材として30mのロープを用いる。ロープは場づくりが容易であり，同じモノを使用することにより，場づくりや行い方の工夫が共有しやすくなる。

　ロープを下図のように20mまで1本の状態，残りの10mは輪にした。場の工夫が増えると考え，このような形にした。また，収納には段ボールを用い，ロープの中心（赤いビニールテープでマーキング）から押し込んでいくことで，次回引き出すときに絡まず取り出すことができる。

　何度もいろいろな走り方やリズムで走ることにより，思いどおりに身体をコントロールできるようになっていく。【材】

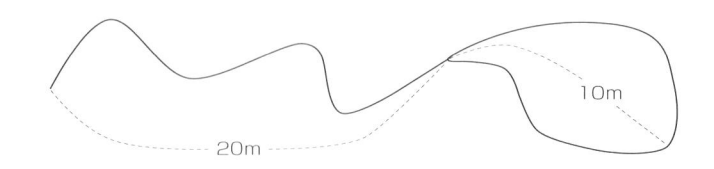

②動きのおもしろさを感じるためには，競争をさせないことが大切になる。競争は一見盛り上がっているように見えるが，動きのおもしろさからは離れていく可能性もある。ロープに働きかけられ，自分の身体を動かす感じを味わわせていく。【支】

3．学びでの「気づき」の工夫

　子どもの自由な発想を生かしながら，単元半ばからお店屋さんごっこ（ワークショップ形式）の学習形態を用い，動きをオノマトペ（擬音語・擬態語）で表現しながらグループ間の共有を促す。【形】

4．学びを見取るための視点（評価規準）

		無意識・・・・・・・・・・（気づき）・・・・・・・・・・意識		
	「気づき」 「感じ」	動きのおもしろさへの気づき	動きの出来事への気づき	動きを工夫するための気づき
違和感	身体がぎこちない感じ	自分たちの場で止まらないで走れるかどうかを楽しんでいる。	リズミカルな走り方に気づき，行い方を試みている。	簡単な場で行い方を工夫して止まらないで走ることを楽しんでいる。
（感じ）	身体が新たな場に対応できたりできなかったりする感じ	リズムをくずす場でも対応できるかできないかを楽しんでいる。	他グループの場で，身体をコントロールして，止まらないで移動できるかできないかを楽しんでいる。	他グループの場や行い方の違いを共有し，できるかどうかを楽しんでいる。
一体感	身体が自在に動く感じ	どんな場でも止まらないで走ることを楽しんでいる。	リズムがくずれる場でも自在に身体をコントロールして走ることを楽しんでいる。	共有したおもしろい場や行い方を自分たちのグループに生かし，仲間と走ることのおもしろい世界にふれている。

5．単元の流れと実際

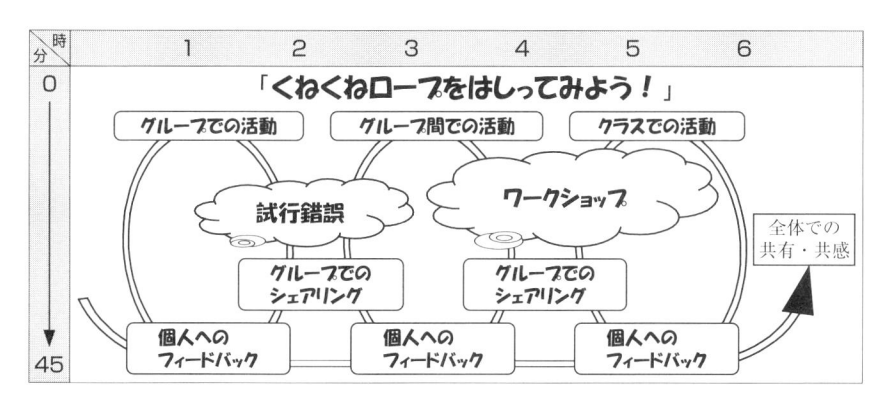

6．学びのあしあと

[第1時]

　はじめにまっすぐに伸ばした状態（30m）で，ロープの上を走ってみた。子どもたちは，ロープの上を何往復もした。

　次に，ロープをくねくねにして，ロープの上を走るように指示した。子どもたちは大きくくねくねにすることがうまくできずにいたので，教師がロープを大きく曲げてコースをつくる支援をした。しだいに大きく曲げることができるようになり，何度か走るとまたコースを変えることを繰り返していた。

　走り方は，まっすぐ前を向いて走ることが多く，ロープと自分のかかわりが中心であり，同じグループ内でのかかわりは生まれていない状態であった。

　子どもたちの感想は，「くねくねがおもしろかった」ということが多く書かれており，感覚や動きのおもしろさを言葉で表現することは難しいと感じられた。次時は，行い方のグループ内共有を図っていきたい。

[第2時]

　走り方のバリエーションで楽しめるようにするため，「いろいろな走り方で走ってみよう」と投げかけ，子どもたちの様子を見た。子どもたちは，ロープを曲げて場をつくると，前向きのふつうの走りから，スキップ，ギャロップ，サイドステップ，バックステップ，クロスステップなど多様な走り方でロープに沿って走り始めた。

　前に走っている子のまねをして走ることはあるが，グループ内での行い方の共有はできていないため，個々にロープに沿って走る状態であった。グループ内共有を促すため，一つのグループに入り，「輪になっているところでは，どんな動きをする？」と投げかけると，「ジャンプをする」という答えが返ってきた。そこで，輪を5～6か所つくって走ってみた。ジャンプの仕方はさまざまであるが，一つのルールが生まれたことで，行い方の共有が図れた。

　全体を集め，かかわったグループにルールの紹介をしてもらい，やって見せてもらった。グループ内で行い方のルールを決めてやってみることを促して，再開した。

各グループで子どもたちの話し合いが始まり，行い方のルールができ始めた。左右から子どもが対面すると，じゃんけんをして，勝ったら進めるというグループと，負けたら股の下をくぐるというグループがあった。じゃんけんのおもしろさに気持ちが移ってしまっていたが，ルールをつくるという意図から，じゃんけんを止めることはしないで様子を見ることにした。

　終了間際に，2本になっている部分のロープの間隔を50cmほど開けて，「ロープを踏まずにいろいろなステップで跳ぶ」というルールで走っているグループがあり，動きがおもしろいので，全体に紹介した。他グループの子たちに「やってみたい？」と問いかけると「やりたい！」と声が上がった。そのグループの子にやらせてくれるかを確認し，全員が行った。グループ内共有から，グループ間共有への足がかりを一つつくることができた。

　子どもたちの感想には行い方が書かれるようになり，「トントン」「ドコドコ」「サッサッ」といったオノマトペも出始めてきた。

[第3時]

　はじめに，「いろいろな走り方で楽しむ」ことを確認して学習をスタートした。前時に出てきたじゃんけんが始まってしまったので，早い時間に集合をかけ，「じゃんけんは動きが止まってしまうので，走り方で楽しもう」と話し，じゃんけんをやめさせた。

　「じゃんけんはしないんだって」「じゃあ，どうやって走る？」各グループ内での行い方やルールづくりをどうするかという意識ができ始めているので，話し合いは活発になってきている。

　場をうまく変えられず直線的なままなので，一つのグループに入り，今までは出てきていないギザギザコースを子どもたちと共につくり，何回か走らせてから，「どんな走り方をしようか？」と投げかけてみた。すると，「はじめはふつうに走って，次の折れたところではカニ走りにする」となり，その走

り方を繰り返そうということになった。何回か走った後，子どもたちを集め，全員がロープの離れたところを持って動くと，大きく場を曲げることができるやり方を見せた。そして，走っているところを見てもらった。

　子どもたちの感想には，場を大きく変えておもしろかったこと，いろいろな走り方をしておもしろかったこと，もっと時間がほしいことなどが書かれていた。このようなことから，どんな場や走り方がおもしろかったのか，その走り方をしてどんな感じがしたかを問いかけていきたいと考えた。

[第4時]

　子どもたちが協力してロープを大きく曲げる方法とじゃんけんはしないことを確認して，学習をスタートした。

　ジグザグの形や大きな円，ロープの輪の部分を大きな菱形にして「巨大ヒラメ」と名づけてスキップで走るグループの場があらわれた。

　2グループがまだ形が決まっていない状態であったが，集合をして「他のグループのところで走ってみたくない？」と誘ってみた。「やりたい！」という反応が起こり，「お店屋さんごっこ」の説明をして，ワークショップを始めた。グループの半分の人が残ってお店屋さんになり（白帽子），他グループのお客さん（紅帽子）にやり方をやって見せて教えてあげる方法である。まだ形が決まっていないグループは，形を決めてからワークショップに参加するように話した。お客さんは自由にグループを回らせたが，「巨大ヒラメ」が人気を集めた。

　時間の半分でお客さんとお店屋さんを交代させたが，後半のお店屋さんはロープの形を大きく変えてしまった。他グループの場を経験して変えてみようと思ったということより，自分たちの場にあまりこだわりをもっていないあらわれであったように思う。

　子どもたちの感想には，「お客さんがたくさん来てくれてうれしかった」「お店を回って楽しかった」などの感想が書かれていた。

[第5時]

　「何度も走ってお店をつくってみよう」「お店ができあがったら，お店屋さんごっこを始めます」と話して，学習をスタートした。協力して場づくりができている3グループと，うまく場づくりが進まない3グループに分かれた。場をあまり細かくすると

走りづらくなるので，長い部分をつくるように支援した。

手を広げて飛行機になって走ることや，くねくね魚になって走るグループがあり，走り方の共有ができていた。

自分たちのお店をつくるのに時間がかかってしまい，実際にワークショップに移行したのが授業の始まりから25分経過後になってしまった。ワークショップの時間は前後半で15分ぐらいしか取れなかった。お店に行ったときは「やらせてください」，お店を出るときには「ここがおもしろかったよ」を伝えようということを確認して，ワークショップに入った。

授業後の感想には，「お店がいっぱいあっていろんな走り方をしました」や「自分のも楽しかった。でも友だちのもおもしろかった」と書いてあり，違う場や仲間とのかかわりを楽しんでいることがわかる。また，前時に自分のグループの場にこだわりをもって，なかなか離れようとしなかった男の子は，「他のグループの場で楽しめた」とワークショップの楽しさにふれていた。

次時は，お店を回るときに，「自分のお気に入りのお店を見つけよう」という発問を投げかけ，どんな動きや感じがおもしろかったかに迫らせたいと考えた。

[第6時]

最終回であることを伝え，自分たちのお店ができたらお店屋さんごっこを始めるようにした。なわとびのウォーミングアップを5分，お店づくりを10分，ワークショップ前半10分，後半10分，振り返り10分，後片づけ5分と，おおよその時間配分を決めてスタートした。

場づくりに慣れてきたこともあり，比較的早く場をつくって，何度も走って走り方の共有をしていた。頃合いを見計らい「自分のお気に入りのお店を見つけよう」とワークショップの前半の活動に入った。

巨大ヒラメの場（円状のロープを菱形につくる）で，なかよしグループは，深海魚マシーンという走り方（両腕をぐるぐる前に回しながら走る）を考え行った。ライオングループは，ボヨンボヨン星人（両足でジャンプしながら走る）とグルングルン星人（ぐるぐる回りながら走る）になり，ロープに沿って走

71

った。お店屋さんがお客さんに説明し，魚や車，○○星人になりきって口伴奏しながら走る姿がいままでより多く見られ，のりのりで活動している様子が見て取れた。

　そろそろ後半の活動に切り替えようと時計を見たところ，驚いたことに，子どもたちは「後半だよー！」と自分たちで声をかけてお店屋さんとお客さんの役割を交代し始めた。どんなきっかけがあったのかはわからないが，スムーズに後半に移行し，活動を楽しんだ。

　振り返り，後片づけを終え，全体で集合したとき，おもしろかった走り方を紹介してもらった。深海魚マシーンを考えた子に見せてもらおうと，「みんなの前でやってみて」と促すと，2人の男子が立ち上がって場に向かおうとした。すると，すでにロープを片づけてしまった後で，それを見て彼らは「あー，ロープがない！」と叫んだ。このような様子から，いままでロープに働きかけられて非日常の世界で運動を行っていたことが見て取れた。

　単元終了後の感想では，「お店屋さんごっこをして，とても楽しかった。走るのってこんなに楽しいんだなと思った。ジグザグや回るところがおもしろかった。やめるのがいやだ」や「気持ちよく走れた」「お店屋さんのおもしろさを感じました。もっとやりたいなと思います」など，走るおもしろさや感じにふれる感想やワークショップの違う場や仲間とのかかわりが楽しかったという感想が多く書かれていた。

7．授業を振り返って

　子どもたちの試行錯誤から教師の想像を超えた動き方がいくつも出てきた。教師はテーマから逸れないように誘導したり，一緒に運動する共同行為者であったりした。

　体育はまさに身体を通しての学習であり，身体性をもった深い気づきが起こる可能性が期待される。この反省的思考を意図的に想起させるためには，気づきを共有できるような学習（時間や場の設定）が大切になるであろう。ワークショップ形式の学習の可能性を探るとともに，領域に適した学習スタイルの選定と，気づきを軸にした学習スタイルのデザインを探究したい。

（濱田敦志）

実践例2 〔低学年②〕

"きらきら・ジャンプ・パーク"
（跳の運動遊び）

1．探求したい動きのおもしろさ

- 前方や上方に跳んだり，片足や両足で連続して跳んだりすることがおもしろい。
- 多様な場で跳び方を工夫したり，新しい跳び方に挑戦したりすることがおもしろい。
- 友だちと合わせて跳んだり，友だちと連続して跳んだりすることがおもしろい。

2．動きのおもしろさを「感じる」工夫

①跳ぶことは好きでも，物を跳び越すとなると恐怖心が生まれ，思いきって跳べない子どもがあらわれる。そこで，やさしく運動できるよう，カラーバーやミニコーン，塩ビパイプ，輪，ゴム等を用いて場をつくることで，子どもが意欲的に跳ぶことができるように工夫する。【材】

②跳ぶという動きは単調で個別になりがちである。そこで，多様な場を用意する。また，同時に跳ぶ，順々に連続して跳ぶ等，動き方の工夫を促す。そして，工夫した動きを紹介し合い，試してみる場を設けることで，多様な跳び方を経験することができるようにする。【過】【材】【支】

3．学びでの「気づき」の工夫

①多様な場を用意し，それぞれの場のつくりの違いを意識させることで，さまざまな跳び方への気づきを促していく。【過】

②動きの工夫や感じたことを頻繁に問い，積極的に引き出し意味づけることで，気づきを顕在化させる。【声】【評】

③動きの工夫や感じたことを全体で話し合い，ガイドマップに書き表すことで，気づきを明確にしていく。【過】【形】【声】

4．学びを見取るための視点（評価規準）

		無意識・・・・・・・・・・・（気づき）・・・・・・・・・・・意識		
	「感じ」 「気づき」	動きのおもしろさへの気づき	動きの出来事への気づき	動きを工夫するための気づき
違和感	身体がぎこちない感じ	いろいろな跳び方を楽しんでいる。	場に応じて，方向・踏切・人数を工夫して跳んで楽しんでいる。	場に応じて，友だちの見よう見まねで跳んで楽しんでいる。
（感じ）	身体が新たな場に対応できたりできなかったりする感じ	いろいろな跳び方ができたりできなかったりすることを楽しんでいる。	場に応じて，方向・踏切・人数を工夫した跳び方ができるかどうかを楽しんでいる。	場に応じて，友だちに合わせて跳ぶことを楽しんでいる。
一体感	身体が自在に動く感じ	いろいろな跳び方でリズムよく跳ぶことを楽しんでいる。	場に応じて，方向・踏切・人数を工夫した跳び方でリズムよく跳ぶことを楽しんでいる。	場に応じて，一緒に跳んだり連続で跳んだりして友だちとリズムを合わせて跳ぶことを楽しんでいる。

5．単元の流れと実際

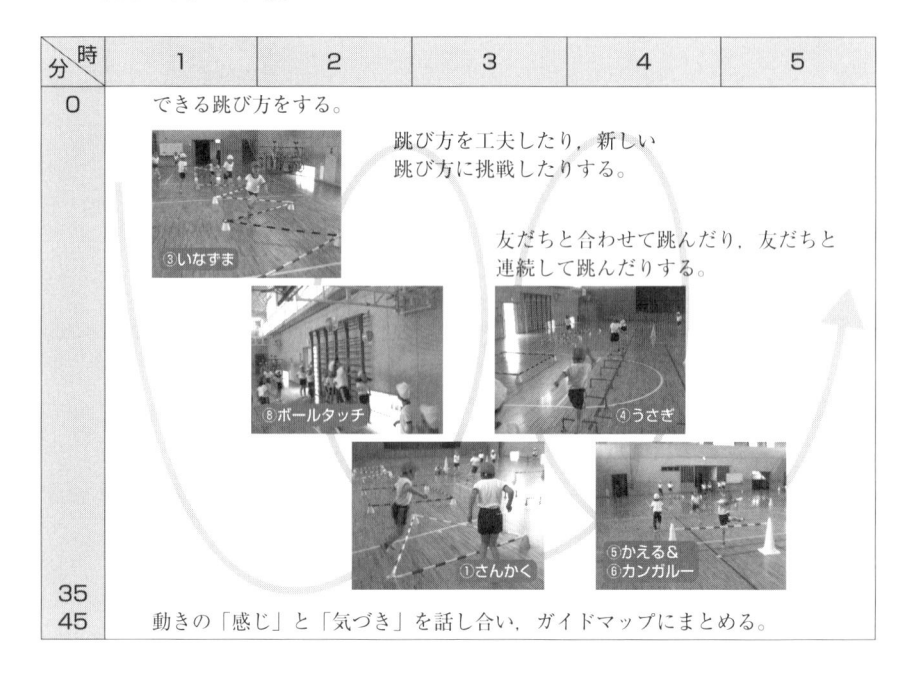

分 \ 時	1	2	3	4	5
0	できる跳び方をする。				
			跳び方を工夫したり，新しい跳び方に挑戦したりする。		
		③いなずま			
				友だちと合わせて跳んだり，友だちと連続して跳んだりする。	
		⑧ボールタッチ		④うさぎ	
			①さんかく		⑤かえる＆⑥カンガルー
35 45	動きの「感じ」と「気づき」を話し合い，ガイドマップにまとめる。				

6．学びのあしあと

［第1時］何をするんだろう？

　「きらきら」は，子どもたちの学年の愛称である。「いろいろな遊び場があるので，いろいろな跳び方，ジャンプをして遊ぼう」と投げかけた。子どもは，「うわー！」と歓声を上げ，一目散に散らばり，それぞれの場で動き始めた。全部の場を回った後，それぞれの場の名前を考えた。形状から①は「さんかく」，②は「しかく」，③は「い

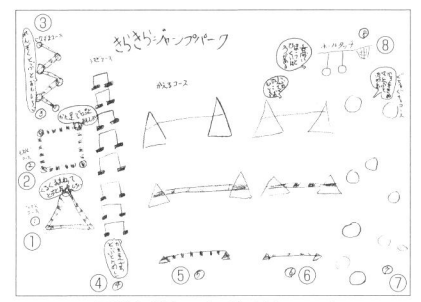

子どもがかいたガイドマップ

なずま」に決まった。④と⑤と⑥は，「走ってぴょんぴょん跳んでいく」という動きから，跳ぶ動物の名前が出され，④が「うさぎ」，⑤が「かえる」，⑥が「カンガルー」となった。⑦は「いろんな色の輪がバラバラになっている」との形状の理由で「ぐちゃぐちゃ」になった。⑧は動きと使われている物から「ボールタッチ」になった。

［第2時］跳び方はいろいろある

　動きからネーミングされた場は，教師のねらいどおりの動きをしていた。しかし，①と②と③の場を直線的に走り抜けていく子どもが多くいた（子どもとしては，並んでいるバーを連続で跳ぶことを楽しんでいたのだろう）。そこで，一つひとつの場で跳んで遊ぶことを約束した。すると，ぐるぐる跳んで回る，左右やジグザグに跳ぶという動きが出てきた。跳んでいる子ども，見ている子ども，いずれも「へーっ」と驚いたようだった。跳び方は工夫できること，動きのバリエーションを楽しむことを知ったのである。と同時に，走るのではなく「跳ぶ」ということへの意識も強くなった。

［第3時］工夫すると難しくなっておもしろい

　前時の経験から，跳び方の工夫を子どもは意識してやっていた。そして，「先生，あのね……」と言っては，工夫した跳び方をやって見せてくれた。その際は，すぐに全体に紹介し，試してみるよう促した。①，②，③，④の場における，片足跳び（利き足，利き足と逆足），両足跳び，回転跳びである。このことによって，ただ跳んでいたのが，踏み切りを意識して跳ぶことになった。「なんか難しくなったみたい」と子どもが言った。リズムがよくなくなったのであろう。あきらめてリズムよくできる跳び方に戻る子どももいたが，何度となく挑戦する子どもが多くいた。

"ケンパ"の輪が散らばった⑦の「ぐちゃぐちゃ」コース。ある子どもの動きを見て，教師から「もしかして，色を決めて跳んでいるの？」と声をかけた。当人はそれほど意識しておらず，それこそ物（輪の色）に誘発されて動いていたのだろうが，元気よく「うん」と答えた。そして，「色を決めると，難しくなるんだよ。だって，輪が飛び飛びになるから」と続けて話をしてくれた。たしかに，これまでは，輪と輪の距離が近く，容易に進むことができていた。ところが，この工夫によって，たどりつけないということが初めて起こったのである。他の子どもたちも果敢にチャレンジし，ゴールまで行くとこれまで以上に喜んでいた。動き方にも，遠くへ跳ぶという幅跳びの要素があらわれていた。

　このような子どもの様子から，工夫によって動きが難しくなり，その動きに挑戦することがおもしろく，できるようになると楽しいことが読み取れる。

　なお，⑤と⑥は，高跳びを意識して用意した場であった。バーを低（約10cm）→中（約30cm）→高（約50cm）とすることで，高さへのチャレンジを生んだ。「最後がうまく跳べないんだ」という声をよく聞いた。そして，「できた。跳べた」という声も，少しずつ増えてきた。

[第4時] 友だちとそろうとおもしろい

　順番待ちにおいて，早く跳びたくてうずうずしてくるのがよくわかった。そこで，「続けて跳んでいいよ」と声をかけた。①の「さんかく」，②の「しかく」，③の「いなずま」にどんどんと子どもが連なって跳び始めた。最初は，詰まったりぶつかったりして止まってしまっていたが，続けようという意識によってか，いつの間にか跳ぶタイミングがそろい，リズムよく跳べるようになった。数人が止まることなく跳び終えると，満足そうな表情になった。一体感を味わっていたようである。

　⑤の「かえる」，⑥の「カンガルー」では，連続して跳ぶことよりも，2，3人で一緒に跳ぶ，という動きを子どもは好んでいた。バーの幅が広く，2，3人が一緒にスタートできるということも要因であろう。いつの間にか「位置について，よーい，どん」

と競走するようになった。障害走のような感覚なのだろうかと思って見ていたが，競走はすぐに終わった。そして，合わせるように助走し，一緒に，同時に三つのバー（三つめのみ安全のためゴムひも）を跳び越そうとする姿に変わった。特に三つめの高いゴムはただでさえ跳び越せない。それが複数一緒に，同時に跳ぼうとするためなかなか成功しない。それでも，挑戦し，できたときはものすごい歓声が上がった。一体感と達成感を味わっていた。

[第5時] ガイドマップづくり

これまでしたいろいろな跳び方をひととおり行った後，「きらきら・ジャンプ・パーク」のガイドマップを完成させた。どんな場（名前）があるのか，どんなおもしろい遊び（跳び方）ができるのか，書き表した。ある子どもは，「きらきら・ジャンプ・パークというのは，いろいろなたかさやかたちをジャンプするやつです。ともて楽しいですよ」とガイドマップに記していた。

7．授業を振り返って

ある幅（距離）を跳びたい，ある高さを跳びたい（アゴン：競争，達成）という姿は，はしばしに見られたものの，ある幅（距離）も，ある高さも，連続して跳ぶ中の一つでしかないようであった。子どもは，常に連続して跳ぶことそのもの（イリンクス：眩暈）をおもしろいと感じ，楽しんでいたように思えた。⑧の「ボールタッチ」は，唯一動きが単調となった場であった。子どもは，高低差のある二つのボールに触れれば喜び，触れなければ悔しがった。そして何度かチャレンジした。しかし，それも長くは続かなかった。そう簡単に触れるようにならないことと，動きそのものが単発で「つまらない」のだという。このことは，低学年の内容と，中学年の勝敗や記録を伴う幅跳びと高跳びの内容には，大きな隔たりがあることを意味している。

動きの工夫では，「おもしろい顔をして跳ぶ」や「カンガルーの真似をして跳ぶ」といった，ある意味子どもらしい考えが出てきた。ミミクリ（模倣変身）の楽しさである。これらは，ねらいと異なるため，認めつつも跳び方そのものに注目を促した。また，⑦の「ぐちゃぐちゃ」では，双方向からスタートしてであったところでじゃんけんをする子どもたちがいた。ケンパー遊びである。これについても控えるように言

った。逆に，跳ぶ前に輪をいくつか放り投げ，そのときにできたコースを跳んでいくというアレア（運）の要素を入れた跳び方はおもしろいとして取り上げた。本実践では，この輪投げ以外には，バーの置き方など場の工夫は，内容にはしなかった。

遊びの要素（プレイエレメント）は多様にある。どう感じ，何に気づかせたいのか，取り上げる内容はどうあったらよいのか，十分に検討をしていかなければならない。

(石黒和仁)

ちょっと一息

はだしで走る？ 靴で走る？ ①

子どもの頃，運動会では「はだし」で走りましたか？ それとも「靴」をはいて走りましたか？ よく「はだしのほうが速く走れる気がする」と聞きますし，子どもたちは「はだし」で走りたがりませんか？ 実験結果を見てみましょう。下記の実験は，いずれも50m走の結果です。

1. 実験1（実験は，宇治市立N小学校校庭で実施）
京都府宇治市立N小学校の68人（5年生41人，6年生27人）による実験では，53人が「はだし」のほうが「靴」に比べて速く走れました。それぞれの平均タイムは「はだし」が9秒52（標準偏差0.65秒），「靴」が9秒72（標準偏差0.70秒）でした。統計による検定の結果，5％水準で「はだし」のほうが速く走れるという結果になりました（田附俊一，2006）。

2. 実験2（実験は，同志社大学陸上競技場オールウエザーで実施）
上記実験1では，小学生は走るのに適した靴をはいていない可能性があるので，ランニングシューズをはいている中学生8人と高校生20人の計28人の陸上競技部員で実験しました。平均タイムは「靴」が7秒77（標準偏差0.642秒），「はだし」が7秒66（標準偏差0.672秒）でした。統計による検定の結果，5％水準で「はだし」のほうが速く走れるという結果になりました（田附俊一，2006）。

どうやら，50m走では，「靴」よりも「はだし」のほうが速く走れるようです。なぜなのでしょう？ 「はだしで走る？靴で走る？②」(p.124)へ続きます。

(田附俊一)

〈参考文献〉
田附俊一（2006）「靴と裸足による50m走——タイム，走速度，脚（大転子点と足関節を結んだ線）の接地直前の最大振り下ろし速度の観点から——」『同志社保健体育』同志社大学保健体育研究室, pp.37-54

実践例3 〔中学年①〕

"リレーワールド"
(かけっこ・リレー)

1．探求したい動きのおもしろさ

●いろいろなチームのコースを共有してリレーをすることがおもしろい。
●コースの状況に応じて，走り方やスピードが変わることを体感することがおもしろい。

2．動きのおもしろさを「感じる」工夫

①テーマの設定

「リレーワールド」というテーマのもと，直線コースや周回コースだけではなく，子どもたちが自らつくったさまざまなコースを走ることにより，コースの状況に応じて，体をどう操作するのか，スピードをどのようにコントロールするかといった，モノ・他者（仲間・教師）とのかかわりの中で走るという動きのおもしろさを感覚的に感じることができる。【過】

②学習材とのであい

学習材としての50mのロープと子どもとのであいを工夫する。ロープは，直線・曲線・コーナーなどさまざまな場を提供してくれる。また，材質や長さなど条件をそろえることによって，各コースの工夫を共有しやすくなる。また，ロープは，平たいものを使い，踏んでも足首等をひねることがないようにした。収納には，ホース等を巻くリールを用いることで，子どもでも運びやすく，スムーズに出したりしまったりすることができる。【材】【具】

3．学びでの「気づき」の工夫

①単元構成の工夫

リレーというと，子どもたちにはどうしても競争意識が芽生えてしまう。着順だ

けにとらわれないようにするため，はじめは，追いかけっこ形式でリレーを行い，単純に走るおもしろさに気づかせたい。その後，子どもたちが自らコースをつくり，それに応じた走りをすることで，走り方やスピードの調節などの楽しさに気づかせていきたい。また，他のチームのコースを走ることによって，工夫の仕方を共有し合い，常に新しい場にであえるようにする。バトンパスやルールなどは，走るチーム同士で話し合わせてそのつど決め，共有を図り，リレーの世界を広げていきたい。

②**学習形態の工夫**

　子どもたちが，さまざまなコースやそれに応じた走り方にであい，そこから生成された「感じ」を「走り」での「気づき」として共有するため，グループ活動を中心とした学習過程を設定する。「自分たちのグループがつくったコースを他者がどう感じたか」「走り方で自分が感じたことを他者はどう感じているのか」といった内容を中心に学びを深めていく。【形】

③**表現の工夫**

　自分たちのコースを相手チームに紹介してアピールさせる。また，話し合いの場を適宜設け，走った「感じ」を伝えることができるよう工夫し，全体で共有できる「気づき」につなげていく。【マ】

4．学びを見取るための視点（評価規準）

	無意識・・・・・・・・・（気づき）・・・・・・・・・意識			
	「気づき」「感じ」	動きのおもしろさへの気づき	動きの出来事への気づき	動きを工夫するための気づき
違和感	身体がぎこちない感じ	リズムをくずす場で立ち止まり，身体を対応させて楽しんでいる。	リズミがくずれる楽しさに気づき，スムーズに走ることを試みている。	自分たちのつくった場で行い方を工夫して走ることを楽しんでいる。
（感じ）	身体が新たな場に対応できたりできなかったりする感じ	リズムをくずす場でも身体が対応できたり，できなかったりを楽しんでいる。	スムーズに走る楽しさに気づき，スムーズに走ることができたり，できなかったりを楽しんでいる。	他グループの場や行い方の違いを共有し，走ることを楽しんでいる。
一体感	身体が自在に動く感じ	どんな場でもスムーズに走ることを楽しんでいる。	自在に身体をコントロールしてスムーズに走る心地よさを楽しんでいる。	共有した場や行い方を自分たちのグループに生かし，仲間と走ることとのおもしろい世界にふれている。

5．単元の流れと実際

時	リレーのテーマ	活動の内容
1	自分たちのコースをつくって楽しもう。	走る心地よさを共有しよう。 自分のチームや他チームのコースを走って楽しむ。
2	みんなでルールを考えてリレー楽しもう。	2チームで小トラックリレー（四角コース）を行う。
3 4	コースをつくってリレーを楽しもう。	二つのコースをつなぎ，2チームでリレーを行う。 他のチームのコースで，2チームでリレーを行う。
5	全力で走れるコースをつくってリレーを楽しもう。	二つのコースをつなぎ，2チームでリレーを行う。 他のチームのコースで，2チームでリレーを行う。
6	気持ちよく走れるコースをつくって楽しもう。	三つのコースをつなぎ，3チームでリレーを行う。

6．学びのあしあと

[第1時]

　はじめに，走る心地よさを共有するために，「走ると，どんな感じがする」と子どもたちに投げかけた。すると，「風が気持ちいい」という反応が多く返ってきた。そこで，「新聞紙を使って，風を感じて走ってみよう」と提案した。子どもたちは，さまざまな方法を試し始めた。その中から，新聞紙を頭の上にあげて走る子ども（マントがなびくように，風を感じる），新聞を読むように，両手で持って走る子ども（風圧がかかって，風を感じる），体に張りつけて走る子ども（風圧で，体から落ちないことで風を感じる）などの動きを取り上げて，「走る心地よさ」を「感じる」ことを共有した。

新聞紙がふるえて，風を感じたよ！

新聞紙に風がたまって，やぶけそう！

手を離しても体にくっついて落ちないよ！

　その後，「グループごとにコースをつくって，かけっこを楽しもう」と子どもたちに提案し，50mのロープとであわせた。子どもたちは，ロープを延ばし，走りながらコースづくりを夢中で楽しんでいた。円や角，にょろにょろ道などを取り入れ，完成

すると，個人で走ったり，列になって集団で走ったりしていた。他のチームのコースも走り，工夫の仕方を共有して楽しんだ。

> くにゃくにゃした
> コースをつくろうかな。

> できあがったコースを
> みんなで走ってみよう！

> みんなのつくったコース
> もおもしろいな。

[第2時]

2時間目から周回リレーを始めた。授業では，これまで折り返しリレーしか経験していないので，簡単なルールを提示し，コースはダイヤ型で行った。

- ・コースのロープに沿って1周走る。
- ・次の走者は円に足を入れて待つ。
- ・手のタッチで走者を交代する。
- ・どちらかのチームが追いついたら終了。

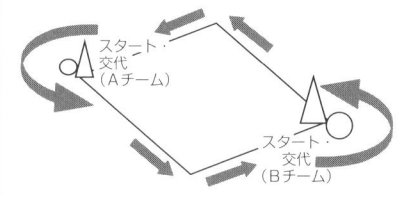

スタート・交代（Aチーム）
スタート・交代（Bチーム）

子どもたちは，終了するまで夢中になって走り続けていた。差が縮まったかと思えば広がるなど，展開が二転，三転し，追いかける側と逃げる側のどちらも楽しむことができた。なかなか終了にならない場合は，引き分けとした。タイムが同じになるようにチーム編成をしたので，勝負がつかないことが多かったが，子どもたちは，その結果に満足していた。

終末の話し合いの中から「バトンを使ってみたい」という意見が出たので，バトンとリングバトンを用意した。さらに，競走してみたいという意見が出たので，チャレンジしてみたが，互いのゴールが違うため，判定ができなかった。そこで，コースの中央にカラーコーンを置き，アンカーが先にリングバトンをかけたほうが勝ちというルールを提案した。バトンの使用とともに楽しみ方を対戦チームとの話し合いで決めることとした。子どもたちは，対戦相手と話し合い，リレーを楽しんでいた。

> 追いつくぞ

> 逃げろ

速いチームがあると一部の子どもから意見が出たので，全員の承認を得て，チーム編成をすることにした。

[第3・4時]

子どもたちの中に，スピードを落として走る子どもが出てきた。追いかけられるスリルを味わおうとしているようにも思えたが，他の子どもの反応も考慮し，自分たちのコースを工夫する活動を提案した。すると，子どもたちは，回転やカーブなどを取り入れ，夢中になって独自のコースをつくっては，走って確かめていた。楽しみ方を共有するために，対戦相手との話し合いに加え，リーダーがコースを紹介することとした。対戦後は，時計回りに移動し，別のチームと違ったコースでリレーを楽しんだ。コースの変化に合わせてスピードを調節していたが，徐々にスピード重視になる傾向が見られてきた。終末の話し合いでは，「円を回るはずなのに，一回転するなど，違う動きをする人がいる」や「コースを外れている」といった意見が出てきた。話し合った結果，ロープに合わせて，「約50cm幅のラインを引き，道のようなものをつくり，そこから出ないようにするということ」「円の中にコーンを数個置くこと」で意見がまとまった。

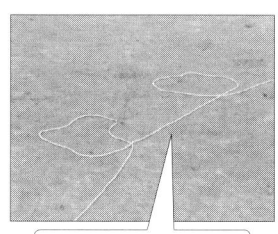

[第5時]

ラインを引いたところ，コースを外れる問題は解決し，リレーを楽しんでいたが，一部の子どもから，「回ったり，カーブが多すぎて，速く走れない」という意見が出てきた。たしかに，子どもたちは，一回転や急カーブでその場の動きに応じたスピードに落としていた。はじめのうちは楽しんで行っていたものの，コースを工夫すればするほど，せっかく上げたスピード落とさなければならなくなることや，コース

によっては，自分のもっている力が出せないで終わってしまう様子が見て取れた。そのような中，大きなカーブだけというシンプルなコースをつくったチームが出てきた。話を聞くと，「全力で走りたいから」という答えが返ってきた。全力で走りぬける心地よさに「気づいた」瞬間であった。そこで，「スピードが出せるコースをつくってみよう」と子どもたちに提案した。

思いきり走れると，気持ちがいいな。

　すると，どのチームもコースから円やカーブがなくなったり，減ったりした。さらにそのコースでリレーをすると子どもたちから「気持ちよかった」という感想や校庭のトラック（150m）を走ってみたいという意見が次々と多く出された。対戦相手についても，全部のチームと競走してみたいという子どもが多かったので，次の時間に行うことを提案すると，子どもたちは大喜びであった。

[第6時]

　最後の時間は，6チームでトラックを活用してのリレーを行った。初めての経験に子どもたちは興奮ぎみであった。細かいルールは決めずに，目安としてのバトンゾーンを決め，バトンがつながればよいとした。

　チーム数が多くなったので，抜きつ抜かれつの展開となり，大いに盛り上がった。全力で走ることのできるコースに子どもたちの表情は生き生きしていた。着順はとらなかったものの，見た目でわかるはずである。しかし，子どもたちは，結果にはほとんどふれず，もう一度やりたいと口々に言っていた。そこで，もう一度行うことにした。すると，どのチームも話し合いをして，走る順番を変えていた。

　終末の話し合いの中から，全員の子どもが「風を感じて走れた」と感じ，全力で走ることの気持ちよさに気づくことができたことがわかった。

7．授業を振り返って

　子どもたちは，自分たちのつくったコースが気に入って，何度も走っては確かめていた。50m走などの競走でなくても，子どもたちは自発的に走っているのが印象的だった。さらに，急カーブや回転に合わせて走ることによって，体を傾けて走る技術や

スピードの調節などが自然と身に付いていく様子が見て取れた。
　当初は，コースの工夫とそれに応じた動きを楽しむことで単元が終わると思っていたが，子どもたちの学びの先に，「全力で走る心地よさに気づく」といったゴールが待っていた展開は，教師の想像を超えるものであり，一緒に学び，「感じ」と「気づき」を共有できたことは，教師自身にとってもリレー学習に新たな意味を加えるものとなった。
　これまでのリレーの学習では，子どもたちは着順にこだわり，結果に一喜一憂していた。そのため，教師は，どのチームにも１位となるチャンスがあるよう，順位に応じてコースの長さを調整したり，チームのメンバーを変更したりする工夫を行ってきた。また，少しでもタイムを縮めることができるように，バトンパスの練習などが中心となり，走る楽しさや心地よさを見失っていたのではないだろうか。
　中学年では，もっともっと走る楽しさや心地よさを「感じ」，「気づく」ことが大切なのではないだろうか。そこで，新聞紙以外にも，ビニールひもを活用して風を「感じ」，それをリレーに生かす展開もあったのではないかと思っている。　　　　（齋地　満）

実践例4 〔中学年②〕

"スイスイハドリンピック"
（小型ハードル走）

・・・

1．探求したい動きのおもしろさ

●いろいろな条件の違う小型ハードルのコースで，リズムよく走り越すことがおもしろい。

2．動きのおもしろさを「感じる」工夫

①感じを大切にしながらの場づくり

　　走るときのスピード感を大切にしながら，子どもが障害物を走り越すという動きのおもしろさを感じることができるようにした。場づくりでは3点の工夫をした。1点目のインターバルでは，小型ハードル間の距離を，子ども自身が動きやすさを求めて設定する。2点目の走路では，直走路やくねくねの曲走路，大きな円など，子どもが多様な走路をつくることができるように40mのロープを用意する。3点目の小型ハードルの種類では，小型ハードルの選択肢として，ミニハードル（高さ20cm）・ダンボール（同30cm程度）・ハードル（同40cm）を用意する。

　　この三つの条件を組み合わせ，「自分たちが気持ちよく走り越えることができるコースをつくる」という学習を展開する。【材】【過】

②「感じ」を比較することができる場づくり

　　動きのおもしろさをより感じやすくするために，子どもは対比するコースを走り，「感じ」の違いを比較する学習をする。さまざまな条件を一度に変えてしまうと，そのコースのもつ動きのおもしろさがつかみにくくなると考える。そのために，直走路と曲走路，小型ハードルが多いコースと少ないコースなど，すぐに感じを比較できるようにする。また，子どもが自分たちの考えでコースづくりをしていくとき，教師が条件を統制して子どもに考えさせることにより，その条件による感じの違いを明確にしていくことができるようにする。【支】

3．学びでの「気づき」の工夫

①ワークショップ型の学習
　子どもの遊びを創造する力を生かしながら，自分たちが心地よく走り越えることができるコースをつくり，他のグループと交流する。走行後，感想を交流しながら自らのコースを改善する学習を繰り返すことで，互いの工夫や改善を共有する。【形】

②学習カードの工夫
　子どもが動きの中で気づいたことを言語化できるように，運動の場と同様に比較させながら気づきを整理することができる学習カードを用意する。【具】

③焦点化
　動き方が異なる二つの場を設定することで，動きへの感じが焦点化され，お互いの考えを共有しやすくする。【支】

4．学びを見取るための視点（評価規準）

		無意識・・・・・・・・・（気づき）・・・・・・・・・意識		
	「気づき」「感じ」	動きのおもしろさへの気づき	動きの出来事への気づき	動きを工夫するための気づき
違和感	身体がぎこちない感じ	自分たちの場でリズムよく走り越せるかどうかを楽しんでいる。	リズミカルな走り越し方に気づき，行い方を試みている。	簡単な場で行い方を工夫して速さを落とさずに走ることを楽しんでいる。
(感じ)	身体が新たな場に対応できたりできなかったりする感じ	リズムをくずす場でもリズムよく走り越せるかどうかを楽しんでいる。	他グループの場で，身体をコントロールして，リズムよく走り越せるかどうかを楽しんでいる。	他グループの場や行い方の違いを共有し，できるかどうかを楽しんでいる。
一体感	身体が自在に動く感じ	どんな場でもリズムよく走り越すことを楽しんでいる。	リズムがくずれる場でも自在に身体をコントロールして走ることを楽しんでいる。	共有したおもしろい場や行い方を自分たちのグループに生かし，リズムよく走り越すことのおもしろい世界にふれている。

5．単元の流れと実際

時	学習内容	学習の様子
1	オリエンテーション 【フラット走と段ボール走】 ①40mフラット走で全力疾走の気持ちよさを味わおう。 ②等間隔の段ボールを走り越す感覚を味わおう。	←段ボールフラット走
2	【フラット走と小型ハードル走】 ①フラット走で全力疾走の気持ちよさを味わおう。 ②高さのそろった小型ハードルを走り越す感覚を味わおう。	←小型ハードル走
3	【直走路と曲走路】 ①直走路で小型ハードルを走り越す感覚を味わおう。 ②曲走路で小型ハードルを走り越す感覚を味わおう。	←曲走路（円）
4	【インターバルを感じよう】 ①ランダムに置かれた小型ハードルを走り越す感覚を味わおう。 ②等間隔に置かれた小型ハードルを走り越す感覚を味わおう。	→ランダム ←等間隔
5	【自分たちが気持ちよく走り越えることができるコースをつくる】 ○走りながら感じることを参考に，気持ちよくなるコースづくりをしよう。	→走りながら改善 ←すべて自分たちで
6	【スイスイハドリンピック大会】 ○自分たちが考えた気持ちよく走り越えることができるコースを紹介し合い，友だちの考えたコースでも，気持ちよく走ることができるか挑戦しよう。	→感じの交流をしよう ←友だちのコースに挑戦

6．学びのあしあと

［第1時］ オリエンテーション　フラット走と段ボール走

40mフラット走を走ろう！

風になったみたい。気持ちよい。

40m段ボール走を走ろう！

ガクッとなる。止まってしまう。大きいのはいやだな。

提示

「自分たちが気持ちよく走り越えることができるコースをつくる」ことを最終目標に設定し，条件として「スタートからゴールまで，スピードを落とさずに走り抜けること」とした。

工夫

段ボールという身近な用具を使用することで，走り越えるという経験の浅い子どもの抵抗を軽減できると考えた。

様子

段ボールを走り越えることは，子どもにとっても楽しみながら活動できるようで，意欲的に学習に取り組んでいた。

段ボールを走り越えるときに，上方への跳躍が大きくなり，着地で衝撃を受け，スピードが低下することを不快に感じている子どもが多くいた。高さがそろっていないため，一つひとつの段ボールに向かっていくことに精一杯で，連続して走り越える動きにはつながりにくく，リズムについて感じる子どもはまだ少数だった。

[第2時] フラット走と小型ハードル走（雨天のため体育館で実施）

同じ高さの小型ハードル走に挑戦！

速さを変えなくていいから気持ちよい。

どうすれば足を着くときにガクッとならずに、速く走れるか見つけたいです。

提示

前時の子どもの振り返りで、高さが一定でない段ボールを走り越えるとき、速さを保ちにくかったという意見が多かったので、一定の高さの小型ハードルを走り越えるよう課題を設定した。

工夫

フラット走と小型ハードル走の感じを比較させながら走り越すときに感じたことを学習カードに記入させた。

様子

段ボール走よりも安定した動作で走り越えることができたため、一定のリズムで走り越える子どもが出てきた。一方、上方へ高く跳んでいる子どもは、着地でリズムがくずれることを不快に感じていた。着地から走りへ滑らかに連動している子どもの姿を見て、自分の動きへ取り入れようとした。

[第3時] 直走路と曲走路

くねくねコースにする？　それとも円のコースにする？

提示

いままでの直走路での感覚と比較するために、曲走路を自由につくりながら、感じ方の違いを確かめることを課題に設定した。

工夫

40mロープを用意し、子どもが自由な発想でコースをつくることができるようにした。

第4章 「陸上運動」の授業実践

「まっすぐコースは速く走ることができる！」

(様子)
　子どもは，コースのラインを自由につくれるおもしろさを味わい，何度も同じ曲走路のコースを走り続けていた。カーブで小型ハードルを走り越すときに，バランスをとることが楽しいと感じている。また，リズムよく走り越すことができる直走路の気持ちよさを感じることができていた。

[第4時] インターバルを感じよう

「楽しいけど，気持ちよくないなぁ。」

「同じリズムで走ると気持ちいいな。」

(提示)
　「ハードルの台数を考えよう」ということで，子どもが好きなようにミニハードルを置いたコースと，四つの段ボールを等間隔に置いたコースを走り，感じ方の違いを比較する課題にした。

(工夫)
　ミニハードルの数を限定せずに，子どもがリズムを意識して，話し合いながら数を設定することで，インターバルに着目するようにした。

(様子)
　子どもは，走り越える動作が多くなると，リズムが悪くなって走りにくいことを感じた。「たくさんのハードルを置くと，見た目は楽しいけど，走っても楽しくない」という意見が出た。また，インターバルについては，子どもにとって3歩で走り越える程度の距離が気持ちいいようで，走り越す足が途中で変わると，「あれ？」インターバルの違いに気がつき，小型ハードルの位置を調整する姿が見られた。

91

[第5時] 自分たちが気持ちよく走り越えることができるコースをつくろう
[第6時] スイスイハドリンピック大会を開こう

「ハードルはミニハードルに変えると、速く走り越えられるね。」

「このコースで、気持ちよく走り越えられるかな？」

「他のグループも気持ちいいコースだな。」

「最初のハードルを低くすると、スピードが上がると思います。」

提示

いままでの学習から、速くリズムよく走り越えることを前提に、「自分たちが気持ちよく走り越えることができるコースをつくろう」という課題を提示した。友だちの考えたコースで、気持ちよく走り越えることができるか挑戦した。

工夫

コース設定の理由を話し合いながら、いままでに感じたことを生かしたコースづくりになるようにした。実際に走ってみて、どのように感じたのか学習カードに記入し、交流の場を設定することで感想を言語化する機会をもった。

様子

多くの子どもは、一定のインターバルで直走路のコース設定をした。「一番リズムよく走れて気持ちがいい」という理由を説明していた。また、走ってみて、リズムの違いからインターバルの違いに気づき、等間隔に直していこうとするグループや、走る速さに合わせてコースの後半に置いている小型ハードルの間隔を広くしていこうとするグループもあった。

7. 授業を振り返って

【おもしろさの変化】

　子どもは、運動の場を自分たちの考えで設定するときに、たくさんハードルを用意したり、コースのカーブを急にしたりと、遊びのおもしろそうという発想を生かした場づくりをしていった。しかし、子どもは、リズミカルに速く走り越せるかどうかを自分自身へ問いかけながら、探求したい動きのおもしろさへと迫っていった。

【動きの変化】

　ミニハードルの前で、歩幅を調整しすぎて立ち止まろうとした子どもが、思いきり走りながら走り越える動作へとつながっていくことができるようになった。

【「感じ」や「気づき」を課題としたことで】

　いままでの筆者が行っていた授業は、技能面についての課題設定が多い授業展開が多く、子どもは「できる」「できない」に左右され、できないときに意欲が低下してしまっていた。また、指導において、ねらいとする運動をできるようにすることに着目しすぎていた。「感じ」や「気づき」を課題として設定した授業展開において、すべての子どもが前向きに課題に挑戦し、主体的に学習に取り組む姿に、今後の体育学習の指導の方向性を感じた。

（米田和雄）

実践例5 〔中学年③〕

"フワッと上方にとんでみよう"
（高跳び）

1．探求したい動きのおもしろさ

- 助走から力強く踏み切り，フワッと体を上方に上げる感じがおもしろい。
- 体をフワッと上方に上げるために，短い助走からスムーズに踏み切れたり，踏み切れなかったりすることがおもしろい。

2．動きのおもしろさを「感じる」工夫

①体が上方に非日常的に上がったと察知したとき，フワッと感じる。そのために，踏み切りの場として，ロイター板，跳び箱の1段，踏み切り板等，体を上方に高く上げることができる場づくりを行う。【具】【支】

②体を上方にフワッと高く上げるとき，バーの存在が邪魔になるときがある。痛さとの葛藤である。そこで，バーの素材をゴムにしたり，段ボールを積み上げたりして思いっきり体を上方に上げる動きを保障する。【材】【支】

3．学びでの「気づき」の工夫

①体を上方にフワッと上げるためには，踏み切りの強さや助走のスピードが関連していることに気づかせていく。そのために，踏み切りの場へのこだわり，助走距離や角度・スピードへのこだわりを学習カード（学びの履歴）を活用して，いまの自分を知るようにしていく。

②単元が進むにつれて，自分の「気づき」を情報として，友だち同士で交流を活発にしていく。まずは，その場に集まった小さなグループで，そして，単元が進んだ段階では，グループ間でのワークショップに展開し，クラス全体へと「気づき」を広めていく。また，自分と友だちや，前の自分と今日の自分との違いから次時のめあてをつかみ，高く跳ぶことへ意欲的にかかわっていくようにしていく。

4．学びを見取るための視点（評価規準）

		無意識・・・・・・・・・（気づき）・・・・・・・・・意識		
	「気づき」「感じ」	動きのおもしろさへの気づき	動きの出来事への気づき	動きを工夫するための気づき
違和感	身体が不安定でなかなか上方に身体が上がらない感じ	友だちの跳んでいる様子をまねてみたり，助走の距離や方向を変えながら楽しんでいる。	助走の方向が定まり，スムーズな動きで，助走から踏み切りができている。	助走の仕方や踏み切りの仕方を工夫して，身体がフワッとする感じを探そうとしている。
（感じ）	思いどおりに身体が上方に高く上がったり，上がらなかったりする感じ	自分がねらった高さへ挑戦し，フワッと感じを楽しんでいる。	自分がねらった高さまで，身体が上がったり，上がらなかったりしたときの，場の違いに気づき，次の活動に生かそうとしている。	自分がねらった高さまで，身体が上がったり，上がらなかったりしたときの，場や助走・踏み切りの仕方の違いに気づき，次の挑戦に生かそうとしている。
一体感	身体が安定して上方に高く上がった感じ	助走のスピード，踏み切りの強さ等にこだわりをみせ，何回も挑戦している。	上方にフワッと高く跳ぶおもしろさの感じが毎回違うことに気づき，自分の満足いくフワッとする感じを探そうと試みている。	身体を上方にフワッと上げようと，助走の距離やスピード，踏み切りまでのリズムを意識して挑戦しようとしている。

5．単元の流れと実際

時間	1――――（およそ3時間）――――（およそ5時間）――――▶ 8
子どもの活動内容	【やってみる】いろいろな踏み切りの場で，フワッと上方に上がるおもしろさを感じる場面 　　【ひろげる】踏み切りの場のよさや助走の仕方の工夫情報を，友だちと交換しながら，フワッと上方へ跳ぶおもしろさを楽しむ場面 　　【ふかめる】上方へフワッと跳ぶためのこだわり（踏み切りの場，助走の仕方）が同じ者同士がグループになり，グループ内で情報を共有するとともに，グループ間でワークショップを行いながら，上方にフワッと跳ぶおもしろさを共有する場面

【やってみる】　動きのおもしろさを感じながら，意欲的に運動にかかわる子どもの姿が見える場面
【ひろげる】　自分なりに感じた「動きのおもしろさ」を探そうと主体的に学びを展開する場面
【ふかめる】　「動きのおもしろさ」を感じるための情報を友だちと一緒に共有する場面

6. 学びのあしあと

[第1時]

　「このゴムの向こうにどのようにして行くかな？」と問いかけ、ゴム跳び遊びから本単元を始めた。「ひざ」「おへそ」「むね」と自分が挑戦したい高さをリクエストし、挑戦が始まった。まずは、正面から助走をとり"ライダーキック"のように跳び始める子ども、ハードル走のようにまたぎ越そうとする子どもの姿が見えた。子どもは、上方に高く体を上げようという意識ではなく、どうにかゴムの向こうに行きたいという思いが強いようであった。「こんな跳び方もあるよ（はさみ跳び、またぎ跳び、正面跳び）」と、いろいろな跳び方を情報として交換していた。授業半ばに「みんなが想像していない跳び方をしてみよう」と言って、正面から助走、踏み切ったあと反転し、足首でゴムを引っかける跳び方"クルッと跳び（子どもが命名）"を紹介した。ゴムの高さは各自が挑戦したい高さに合わせているためバラバラだが、全員が「クルッと跳び」に興味をもって挑戦を始めた。「おもしろい」という声の中に、「いままでと感じが違う」「体が浮く感じ」というつぶやきが聞こえてきた。

　授業のまとめでは、「クルッと跳びが気に入った、おもしろかった」という感想が出た。そこで、「クルッと跳びって、体がどんなになるの」と発問すると、「フワッとした（予想どおり）」という答えが何人からか返ってきた。そこで、「はさみ跳びや正面跳びでもフワッと感じるために用具を考えてみよう」と投げかけた。

正面から跳ぶぞ

[第2時]

　「体がフワッと感じる用具は、何を使おうか？」と問いかけてみた。すると、「トランポリン」「跳び箱に使うもの」という意見が出てきた。子どもは、バネを利用したものを想像したようである。体育館に設定できるものということで、ロイター板、踏み切り板を使うことにした。また、教師側からの意見で、跳び箱の1段を置くことにした。バーはそのままゴムとし、ポールも人がポール役をする場と、高跳び用ポールを置く場とをつくった。

　子どもは、跳び方と踏み切りの場とを合わせためあてをもって活動を始めた。ほと

んどの子どもが，クルッと跳びを選択し，ロイター板に人気が集中した。しかし，「もう少しフワッとしたい」，さらに「高さが出ない」ことに不満になってきた。そこで，「ロイター板や踏み切り板でフワッとする跳び方があるのではないか？」という声かけを行い，踏み切りの場に応じた"動き"を思考する大切さを助言した。

すると跳び方は，はさみ跳びか正面跳びになり，挑戦するごとに満足顔になってきた。「フワッとしたよ」「失敗！」という声が聞こえるようになり，体が上方に上がったか，上がらなかったかを感じながら活動するようになった。

[第3時]

前時に，体が上方にフワッと上がるおもしろさを味わい，意欲的になったためだろうか，積極的に場の準備に取りかかっていた。そして，準備ができたピットから順に跳び始めた。この時間は，みんなが挑戦したいため，人がポールになる場が少なくなり，ほとんどのピットが高跳び用ポールに変わった。しかし，ゴムバーはそのままなので，ポールが倒れるのを防ぐためにポールを持つ役割の配置を指示した。

子どもは，踏み切り板，ロイター板，跳び箱

フワッとしたよ

1段などの場で，夢中になって挑戦した。なかでも人気だったのが，跳び箱1段の場であった。これは，体を上方に上げる際，容易にその動きが可能となる。つまり，助走から踏み切る技術をあまり要せずフワッ感を味わえるためではないだろうか。斜めから助走を始める子が増えてきた。正面跳びだと，前方に跳んでしまうことがわかり，斜めからの助走に人気が出たのであろう。しかし，左右どちらからのスタートが自分に合っているのかは，まだ理解していないようであった。

高さにはまだこだわりを見せず，ゴムバーが高くても低くてもフワッと跳べたことを"おもしろい"と感じているようであった。この時間での，バーに対する子どもの意識は，高さをクリアするモノではなく，体を上方に高く上げフワッ感を味わうために必要なモノであった。

[第4～6時]

第4時の前半は，いままで設定してきた踏み切りの場で，夢中になってフワッと感を味わっていた。しかし，だんだんと高さに意識が向いてきた。それは，ゴムバーの上げ下げが始まったのである。第4時は，自分の跳びたい高さをポールを持つ役の友

だちに伝え，高さを設定していたが，第5時になると，高さの違うピットを，行き来し始めた。その際，踏み切りの場が違っていたが，あまり踏み切りの場の違いを気にすることなく，高さ競争に夢中になりだした。「バネの一番利くところで踏み切るといいよ（ロイター板）」「段に乗るところが大切だよ（最後の1歩をリズムよく）という意味（跳び箱）」など，競争をしながらも，お互いを高く跳ばせてあげようというかかわりが見えた。第6時は，自分の気に入った踏み切りの場での競争が行われた。この競争も，やわらかな雰囲気があり，友だちに勝った負けたというのではなく，その子の体の上がり方（フワッと感）をそこに集まったみんなで共有しながら，「フワッとしたよ」「いまのはしなかったよ」と評価しながら競争していた。

踏み切りをしっかりと！

[第7・8時]

この2時間は，ワークショップへの舵取りを行った。子どもが活動する場が固定化し，「助走―踏み切り」の仕方にこだわりを見せてきたからである。まず，グループ内で，体をフワッと上げるコツを共通理解させた。そして，グループの半分の子どもを移動可能にした。そこでは，グループ内で共通理解したコツが，伝授されながら一緒になって活動していた。15分ぐらいで，メンバーを交代させ，次の活動へ移らせた。授業の終わりには，各場で得たコツを自分の場で追試する活動を取り入れた。「もう少し助走を速くしたほうがいいよ」「手を上げて跳び上がったほうがいいよ」など，他のグループから得た情報をグループ内で共有する場面が見られた。

7．授業を振り返って

「体が思った以上に上がる」という体感が「フワッと感」となり，この「動きのおもしろさ」を単元を通して，探すことができた。これは，「フワッと上方に上げる」という非日常的な動きの魅力が，子どもの身体と共振し"おもしろい"と感じたからであろう。今回は，ゴムのバーを単元を通じて使用したが，バーと子どもとの関係も学びが進んでいく中で変化していったことがわかった。第1時には，「バーは，フワッと高く跳ぶという，みんなの思いを邪魔するモノではなく，なくてはならない友だちなんだ」と説明し，実際にゴムバーがあるときと，ないときの体の上がりぐあい

を体験させた。そうすることで、バーへの"仲間意識"をつくった。単元のはじめは、体を上方に上げてくれるモノであったが、単元中盤からは、目標としてのモノに変化してきた。これは、子どもが高さに関心を示しだしたため、バーがクリアするべきモノとして、子どもと関係をもちだしたのである。すかさず筆者は、高く跳ぶための情報（助走の仕方、踏み切りの仕方、助走から踏み切りへのリズム等）を子どもに発信するよう、かかわりの内容を変化させた。

　このように、子どもの思いを満足させてくれるモノとの関係が、子どもの変化とともに変わってきたのである。この変化を見逃さないよう子どもを見取り、かかわりの内容を変化させながら、子どもの学びを単元のねらいの実現へ舵取りしていかなければならない。その意味でも、バーと子どもとの関係の変化がよく見えた実践であった。

（湯口雅史）

実践例6 〔中学年④〕

"ふわっとジャンプ！"
(幅跳び)

1．探求したい動きのおもしろさ

●いろいろな場において用具を使って遠くへジャンプするときに，ふわっと空中に浮かぶ感じがおもしろい。

2．動きのおもしろさを「感じる」工夫

①目の前の小川の対岸まで跳んでみたくなるように，我々は自然界の障害物に働きかけられ，無意識のうちにそれを克服しようとする。そこで子どもたちが思わず跳んでみたいと思うような場を用意する。【材】

②場が1か所だと，待ち時間が長くなり活動量を保障することができない。そこで「跳び越え方」に応じて複数の場を用意する。フラットなフロアにマットを置き，助走をつけてジャンプする「ジャンプコーナー」，ステージから少し離れたセーフティマットに向かってジャンプする「ステージコーナー」，登り綱をターザンロープのように使い，離れたマットにジャンプする「ロープコーナー」の3か所である。これらのコーナーは，いつでも自由に移動できるようにしておく。【形】

③空中を浮遊している心地よさを味わいたくても，子どものジャンプ力では限界がある。そこで，浮遊している時間を長くするために登り綱や棒，ミニトランポリン，ロイター板等の用具を用いる。【具】

3．学びでの「気づき」の工夫

①子どもの内側からの「気づき」を生み出すため，「感じ」や「心地よさ」に十分に「ひたりこむ」ことを大切にする。【過】

②子どもたちが，より「おもしろく」したいと考え，仲間と相談し工夫する場面を大切にし，教師も話し合いに参加する。【支】【声】

4．学びを見取るための視点（評価規準）

	無意識・・・・・・・・・（気づき）・・・・・・・・・意識			
	「気づき」「感じ」	動きのおもしろさへの気づき	動きの出来事への気づき	動きを工夫するための気づき
違和感	身体がぎこちない感じ	ふわっとした感じを楽しんでいるが，恐怖心がまだある。	ふわっとした感じに気づき，行い方を試みている。	簡単な場で行い方を工夫して，目標の場所まで跳ぶことを楽しんでいる。
（感じ）	身体が新たな場に対応できたりできなかったりする感じ	リズムやタイミングが変化しても身体が対応できるかどうかを楽しんでいる。	他の子たちが考えた動きを取り入れ，自分もできるか試みながら楽しんでいる。	場をより困難な状況につくり変えても対応できるかどうかを楽しんでいる。
一体感	身体が自在に動く感じ	どんな場でも安心して身体を動かし楽しんでいる。	動きを自分のものとし，自由に身体を動かして遠くにジャンプしている。	難しい場でも，同じように遠くへジャンプできることを楽しんでいる。

5．単元の流れと実際

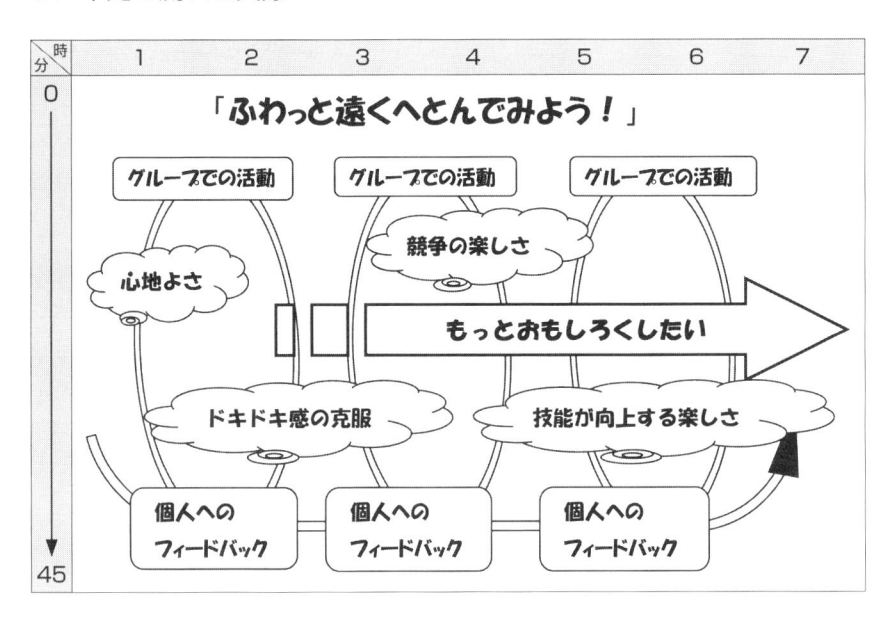

6．学びのあしあと

①**ジャンプコーナー**

　ロイター板を使って跳んでいた子どもたち。やがて板を2枚，3枚と増やしていった。「トン・トン・トーンっていうリズムがいい」と言っていた（写真1）。

　この日，子どもたちはロイター板を重ねて跳ぶことを思いついた。はじめは2枚，しばらくすると3枚重ねてジャンプをしていた。T児は「2枚のときよりもふわーっとしておもしろい」と言っていた（写真2）。「トランポリンがあると，もっと跳べるのになあ」と言っている子がいるので特別支援学級のミニトランポリンを2台借りて使用した。ロイター板の次にトランポリンを二つ置いて「トン・トン・トーン」のリズムで跳んでいく姿が見られた。

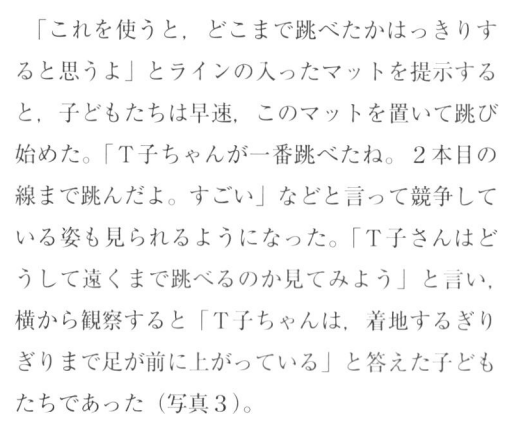

写真1

　「これを使うと，どこまで跳べたかはっきりすると思うよ」とラインの入ったマットを提示すると，子どもたちは早速，このマットを置いて跳び始めた。「T子ちゃんが一番跳べたね。2本目の線まで跳んだよ。すごい」などと言って競争している姿も見られるようになった。「T子さんはどうして遠くまで跳べるのか見てみよう」と言い，横から観察すると「T子ちゃんは，着地するぎりぎりまで足が前に上がっている」と答えた子どもたちであった（写真3）。

写真2

　単元の最後には踏み切り足やジャンプの高さ，体を後ろに反らす空中姿勢などを意識して跳ぶ姿が見られるようになった。

写真3

②**ステージコーナー**

　ステージの上から助走をつけてセーフティマットに跳び下りる子どもたち。E子は「ふわーっとして気持ちがいい」と言っていた。さらに飛距離を伸ばすために，ステージ上にロイター板を置いて跳ぶ子の姿が見られた（写真4）。

助走とロイター板だけではもの足りなくなった子どもたちは，竹の棒を使ってより遠くまで跳ぼうと考えた。しかし，着地まで棒につかまっていることができず，途中で手を離し，マットに足から下りてしまう子の姿が目立った。棒に最後まで体重をゆだねることが怖いようである。しかし，しだいに棒の扱いに慣れ，遠くまで跳べるようになっていった。そこで，「カードに自分の名前を書いて，着地した場所に置き，誰がどこまで跳べたか，わかるようにしたらどうかな？」と提案した。子どもたちは，早速，自分が跳べた場所にカードを置いた（写真5）。そのうちに誰が一番遠くまで跳べたかを競争する姿も見られるようになった。

写真4

写真5

　「M子さん遠くまで跳べているよね，どうして跳べるのかみんなで見てみようか」と投げかけ，一緒にM子が跳ぶ様子を観察すると「最後まで棒から手を放さず，お尻からマットに着地するといいみたいだ」と気づいたようである（写真6）。子どもたちは，しだいに怖さを克服し，最後まで棒に体重をゆだねる姿が見られるようになった。

写真6

その結果，着地点も徐々に遠くなっていった。M子は「長く浮かんでいて，ふわーっとして気持ちがよかった」と言っていた。さらに遠くに跳ぼうと，足を上に大きく振り上げ，最後は背中で着地する子の姿も見られるようになった。その変化に気づいた私が「M子さん，この前と比べて跳んでいるときの感じはどう変わったかな？」と聞くと，「この前よりも，もっと棒に乗れた感じがした」と答えたM子であった。その答えを聞き，私はM子の内側に棒という「モノ」と一体になった「感じ」が生まれたのではないかと感じた。

③ロープコーナー
　登り綱をターザンロープのように使って，跳び箱からマットまで跳ぶ子どもたちの姿が見られた（写真7）。筆者が「今，どんな感じがした？」と聞くと，S子は「ち

ょっと怖いけど，ふわっとして楽しい」と言っていた。跳び箱の上からジャンプするので，慣れるまでは，かなりの恐怖心があるようである。

女子の中で，1人めがジャンプした勢いで，戻るロープに2人めが跳び移り，続いて3人めが跳び移るという連続技を考え，挑戦する姿が見られた。向かってくるロープに，高い跳び箱の上からジャンプし跳びつくのはかなり怖いと思うのだが，逆にその恐怖心を楽しんでいるように見えた。

写真7

次の時間はフラフープを出してマットの上に並べ，より目標をはっきりとさせようとしていた。K男は「黄色までいけるようになりたい」と言っていた（写真8）。黄色は10点，青は5点など，点数を決めて高い得点をねらう姿も見られた。そこで，あらかじめ用意してあったミニ黒板を出し「せっかくだから結果を記録してみたら？」と提案すると，各自が3回ずつジャンプして得た得点を記録し，その合計で勝敗を競う姿が見られるようになった（写真9）。

写真8

この日は「フラフープの中に片足でも入れば得点」や「手を着いちゃったら10点減点」など，さ

写真9

らにルールが細かく決められていく様子が見られた。得点化し，競争をするため，よりルールを厳密に定める必要が出てきたのではないかと考えた。

7．授業を振り返って

①場を選択したことについて

場を選択した結果，各コーナーの人数がおよそ3分の1に分かれていたので，「待ち時間」も少なく，たっぷりと楽しむことができた。

②教師の言葉かけ

よりおもしろくするための相談の輪に教師も加わることで，場をつくり変えるための方向性が定まり，おもしろさが深まっていった。

（須山千才）

実践例7 〔高学年①〕

"らんらんリレーランド"
(短距離走・リレー)

1．探求したい動きのおもしろさ

- いろいろな体の向きで走る不安定な感じがおもしろい。
- 巧みに体を動かし，リズムよく進む感じがおもしろい。
- 体が跳んでいるようなスムーズな感じがおもしろい。
- 追い越せそうな感じ，追い越されそうな感じがおもしろい。

2．動きのおもしろさを「感じる」工夫

　学習参加者全員がテーマを共有し，内容を深められるように発問を構成する。高学年という発達段階であればテーマを自分なりに解釈し，深めていくことが可能であると考えた。「どのような感じが味わえたか」ということを常に問いかけることで，よりおもしろい動きの「感じ」を子どもたちと共に探求していきたい。例えば，初回のテーマは「体の向き」に注目し，「感じ」を探求するものを用意した。ふだん行わない「走り」や「場」を設定することで相対的に「走り」の「感じ」を味わうことができると考えている。【過】【声】

3．学びでの「気づき」の工夫

①「感じ」を探求するために比べる対象を用意する
　「正面を向いて走る」に対して「体の向きを変えて走る」，「まっすぐなコース」に対して「くねくねコース」，「ゆるやかなカーブ」に対して「急な円」など，より「感じ」を味わうために比べられる対象や場，発問を意識する。【過】【声】

②8人の生活班で学習を進める
　多様な楽しみ方が引き出せるように同じ場で学習する人数にゆとりをもたせる。自然と一緒にやってみたり，動きを見合ったりという姿が期待できる。リレーを行う際にも「チーム内ゲーム」が中心となり，勝ち負けにのみ意識が終始せず，深め

たい内容へ子どもたちの思考が向きやすいと考えている。【形】

4．学びを見取るための視点（評価規準）

		無意識・・・・・・・・・（気づき）・・・・・・・・・意識		
	「気づき」「感じ」	動きのおもしろさへの気づき	動きの出来事への気づき	動きを工夫するための気づき
違和感	身体がぎこちない感じ	ふだんの「走り」では味わえないおもしろさにであっている。	リズムを感じたり，巧みな身体の使い方に気づいたりし，行い方を試している。	よりおもしろくするための動きやコースを工夫して，走ることを楽しんでいる。
（感じ）	身体が新たな動きや場に対応できたりできなかったりする感じ	動きや場をくずすことで，うまくできるかできないかを試し始める。	身体の動きを調整してスムーズに走れるかどうかを楽しんでいる。	他グループの場や行い方の違いを共有し，できるかどうかを楽しんでいる。
一体感	身体が自在に動く感じ	くずしてきた動きが「自分の動き」に変わり，巧みに走ることを感じている。	さまざまに身体の動きを調整して心地よく走ることを楽しんでいる。	仲間と走ることのおもしろさを工夫し楽しんでいる。他のグループの工夫を自分たちに取り入れて楽しんでいる。

5．単元の流れと実際

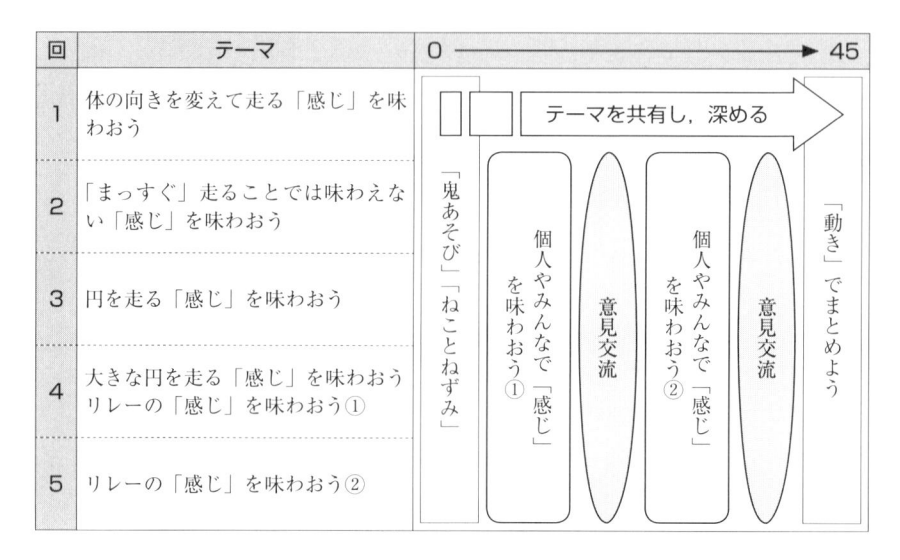

回	テーマ	0 ───────▶ 45
1	体の向きを変えて走る「感じ」を味わおう	「鬼あそび」「ねことねずみ」／個人やみんなで「感じ」を味わおう①／意見交流／個人やみんなで「感じ」を味わおう②／意見交流／「動き」でまとめよう（テーマを共有し，深める）
2	「まっすぐ」走ることでは味わえない「感じ」を味わおう	
3	円を走る「感じ」を味わおう	
4	大きな円を走る「感じ」を味わおう／リレーの「感じ」を味わおう①	
5	リレーの「感じ」を味わおう②	

6. 学びのあしあと

[第1時] いろいろな体の向きで走る「感じ」を味わおう

はじめに全員で「増える鬼」という鬼遊びで体をほぐした。タッチされるとどんどん鬼が増えるという単純な遊びであるが、6年生でも楽しんで行うことができる。次に「ねことねずみ」という1対1で行う鬼遊びを行った。合図があるまでは、どちらが鬼なのかわからないのがこの遊びのおもしろさで、「追う、追われる、追いつかれる、追いつきそう」などリレーのおもしろさやバトンパスの動きに共通する要素があると考え、毎時間のはじめの部分に取り入れることにした。初めて行う子もいて楽しんでいる様子が見られた。ルールを把握できると「待ちの姿勢」を「仰向けがいい」「うつ伏せ」と工夫する声が出始めた。最後は「好きなポーズ」で行ったが、多くの子は「すぐに動き出せる体勢」を取っていた。この姿勢は、野球の「ランナーがリードをする姿」を連想させた。

その後、本時のテーマ「体の向きを変えて走る『感じ』を味わおう」を伝え、グループごとに20m直線コースで、さまざまな走り方を行った。何度も「うしろ向き」や「横向き」を試す姿が見られた。その後、細かい足の動かし方を工夫する子や動きを友だちと合わせる子が出始めた。そして折り返しリレー方式で競争を始めるグループが出始め、動きにより「速さ」が生まれた。その後は、距離を延ばしてグループごとにリレーを楽しむ姿が見られた。一方で、友だちとステップを合わせる子も見られた。終盤には「まっすぐ走りたい」という声も上がり、比較するという意味で、まっすぐ走ることを行ったグループもあった。全体としてテーマに向き合えたように感じる。課題としては、競争をどう見取るかということである。競争をすることで「速く移動する」という必然性は生まれるが、「感じ」を意識して走ることができなくなるおそれがある。

[第2時] まっすぐ走ることでは味わえない「感じ」を味わおう

前時に引き続き行った「ねことねずみ」では「速く反応できる体勢」ということを

投げかけることで，少し腰を落としてどちらにでも素早く動ける体勢を意識する子が増えた。

　その後テーマを伝え，ロープを使ったコースづくりを行った。どのグループも複雑なコースをつくった。それぞれにコースを完成させ走っていたが，ジャンケンで楽しむというグループが出始め，すぐに全体に広がった。コースを工夫して走るということはできたが，競争や遊びのおもしろさに引っ張られてしまうことが課題である。何度か活動に介入し，テーマの再確認やテーマに関する発問を行った（テーマへの揺り戻し）。最後は各グループがつくったコースをお互いに1回ずつ走り「感じ」の共有を図った。子どもたちには「ぐるぐると回る」コースの「感じ」が気に入ったという意見が多かった。

[第3時]「円」を走る「感じ」を味わおう

　「ねことねずみ」ではより洗練された姿勢が見られるようになってきた。子どもたちには「どのくらい離れても逃げられるか（追いつけるか）」ということも投げかけてみた。

　この時間のテーマを確認し，さっそく走り始めた。1周50mのコースはカーブがきつく，体を内側に倒したり，外側の手を大きく振ったりしてスピードを保つ。意見交流の時間には「カーブを走るときに体が傾いてしまう」「傾けると速く走ることができる」「スピードをつけた状態では体を傾けないと走れない」「腕を振ったほうが走れる」という声が聞かれた。また「比べるものがないとなかなか『感じ』を語れない」ということで「スムーズに走る『逆』をやってみよう」ということになった。

　走りの「感じ」を体で感じようと，思考しながら「腕を振らずに走る子」「体を外側に傾けて走る子」「コースを逆回りする子」の姿を見取ることができた。試した後の意見交流では「やはり腕の振りは必要」「体を傾けることも必要」との声が聞かれた。不自然で不自由な走りの「感じ」を味わった上で，カーブを速く走る技能について語ったことに価値を感じた。また，50mの「円」のコースをつくったことで，どのグループもリレーを行うことへ活動が向かった。そこで意見交流の際には「1人で走る感じ」と「リレ

ーで走る感じ」を比べることを問いかけた。そこでは，追いつかれそうになると「モヤッ」とした感じがするという発言をした子がいたが，多くの子の賛同を得た。リレー特有のおもしろさの一つかもしれない。次時に「リレーの感じ」をもう少し味わおうということを確認して終わった。

> うしろから人が来るとモヤッとする

[第4時] リレーの「感じ」を味わおう①

　相手を替えたり距離を変えたりしながら「ねことねずみ」を行った。相手を替えることで新鮮な気持ちで取り組んでいる子が多いように見えた。

　テーマは「リレーの『感じ』を味わおう」ということを伝え，2本のロープを使って100mのコースをつくり，リレーを行いながら意見交流を行った。活動場面では，細かいルールや取り決めがなくとも自然と他グループとリレーを楽しむ姿が見られた。意見交流では「リレーのおもしろさは何か？」ということが話題の中心となり，「追いつかれそうな感じ」「追いつきそうな感じ」が話された。特に勝敗にこだわりすぎたり，ルールが話題になったりしなかったのは，これまで「チーム内」でゲームを繰り返す過程で「感じ」を探求することが内容の中心となっていたあらわれであるととらえたい。

[第5時] リレーの「感じ」を味わおう②

　最終回ということで「ねことねずみ」についてのおもしろさも聞いてみた。ここではリレーに通じる「相手を意識した感じ」や追いつくか追いつかれるかの「間（はざま）」（子どもの言葉では「スリル」）がおもしろいという意見が聞かれた。

> 「ねことねずみ」には，バトンパスの場面に通じる「タイミング」や「動き」が埋め込まれている

　今回は「まっすぐ」「くねくね」「カーブ」を取り入れた50mコースをつくり，これまでに味わってきた「走りの感じ」を味わうことからスタートした。子どもたちはチーム内でリレーを行いながら走ることができた。最後は子どもの思いに押し切られるかたちでトラックリレーとなったが，相対的に考えるという意味ではよかったように思う。意見交流では「走りやすい」「直線が長いとスピードにのれる」という意見に賛同する子が多く，「スピードにのっている」と感じた子が多かった。

> 意見交流の場面

7．授業を振り返って

①「感じ」から「気づき」への促し
　子どもたちはシンプルな場でも工夫して楽しむ力をもっている。「どんな感じがしたか？」という問いかけにも自分なりの言葉で表現できる子が多く，共感する場面も見られた。本実践では，授業を進めていく中でテーマに対するやりとりを繰り返し，「気づき」を促すことができたと手ごたえを感じている。

②競争することと教師の介入について
　「競争」をどのように扱うかについては，単元の計画段階，進行中に常に迷ったことの一つである。競争することだけに夢中になると自分の「感じ」を意識しないままに活動が続くおそれがある。ただし，競争することで「速く走る必然性」が生まれ，より動き方を洗練させようと試みる姿が見られることも確かだ。

　子どもたちから自然に発生した楽しみ方である「競争」をどのように位置づけ，テーマから逸れないように教師が介入する（しない）タイミングが大切であると感じた。今回の実践では，最終的にリレーという楽しみ方に進んでいく姿を見取ることができた。リレーそのものの「おもしろさ」や「感じ」を考えることで競争ばかりが前面に出ることなく自然なかたちで子どもたちが受け入れているように感じられた。

（石塚　諭）

実践例8 〔高学年②〕

"シンクロハードル走"
(ハードル走)

1．探求したい動きのおもしろさ

●友だちとリズムを合わせてハードルをまたぎ越す瞬間，自分の体がふわっと浮かぶ感じがおもしろい。
●友だちと気持ちを合わせて一緒にハードルをまたぎ越す一体感がおもしろい。

2．動きのおもしろさを「感じる」工夫

①リズミカルにハードルをまたぎ越す感じを味わわせたい。その中で自分の体がふわっと浮かぶ感じを体感させたい。そのため，最初はハードルを使わないでボールやカラーコーン，体育用椅子などを越える障害物走を取り入れる。【形】【具】

②高学年の子どものハードル走は技能差が大きい。そこで，「シンクロハードル走」と称して，4コースに4人が入り，4人そろって「1・2・3」の声かけをしてハードルをまたぎ越させる。シンクロハードルを導入することにより，友だちのよい動き（心地よさ）を感じることを追求させる。【過】

③4人がそろってハードルをまたぎ越すことに重点を置き，ハードルの高さ，インターバルをそろえる。【支】

3．学びでの「気づき」の工夫

①子どもたちにふわっとした感じを味わわせるために，4人で「1・2・3」の声をかけさせた。声をかけ合ってまたぎ越すことでリズムへの「気づき」を促すことになる。【過】

②リズムをつかむことを学習の中心にするため，障害物のあるコースとフラットなコースを用意する。【支】

③ハードルの高さ，インターバルをそろえることで「1・2・3」のリズムに集中させる。そのことで，自分のリズムへの「気づき」を促す。【支】

④記録向上の欲求にこたえるため,授業の最後に記録会を実施する。グループ内で記録をとらせることで,友だちのリズムに気づかせる。【過】

4. 学びを見取るための視点（評価規準）

		無意識・・・・・・・・・・・（気づき）・・・・・・・・・・意識		
	「気づき」「感じ」	動きのおもしろさへの気づき	動きの出来事への気づき	動きを工夫するための気づき
違和感	身体がぎこちない感じ	1・2・3のリズムで走ることはできていないが、ハードルを越す感じを楽しんでいる。	1・2・3のリズムに気づき、声をかけてハードルを越そうとしている。	スピードを落とし、1・2・3のリズムを大切にしながらハードルを越すおもしろさにふれている。
（感じ）	身体が新たな場に対応できたりできなかったりする感じ	自分のリズムをつかめてきているが、友だちとリズムを合わせることはできていない。	1・2・3のリズムで走ることはできていないが、ハードルを越す感じを楽しんでいる。	だれに合わせたらよいかということに気づき、話し合いながら4人でリズム走を楽しんでいる。
一体感	身体が自在に動く感じ	友だちと声をかけ合いながらリズムを合わせようとして、ふわっとした感じのおもしろさを味わっている。	グループの友だちと声をかけ合いながら動きをつくり、1・2・3のリズムでハードルを越す楽しさに気づいている。	ふわっとした感じを楽しみながら友だちと1・2・3のリズムでより速く走り越し、ハードル走を楽しむことができている。

5. 単元の流れと実際

分\時	1	2	3	4	5
0	オリエンテーション・全力で走れない不自由さ・全力で走れる心地よさ		馬跳び鬼ごっこ		障害物走
10		8秒間走　全力で走る心地よさ			
35		シンクロハードル走 友だちとリズムを合わせてふわっとした感じでハードルを越す心地よさ			
45		振り返りタイム（発表会・記録会）			

6．学びのあしあと

[第1時]

　授業開始前，運動場に出てきた子どもたち。トラックいっぱいに広がって鬼ごっこの開始。クラスの全員が鬼になる。笛の合図でトラックの中を走り回る子どもたち。タッチされると馬になる，というルールである。そして，だれかに跳んでもらうことにより，再び走り出すことができるのである。歓声を上げながら子どもたちが走り回る。男女関係なく，「どんどんタッチ，どんどん跳んで」の繰り返し。子どもたちは笑顔でいっぱいになる。心と体が解放された瞬間である。

　その後，50m×8コースのスタートラインにグループごとに並ぶ。1・3・5・7コースには何もないが，2・4・6・8コースにはボール，カラーコーン，体育用椅子といった障害物が並んでいる。

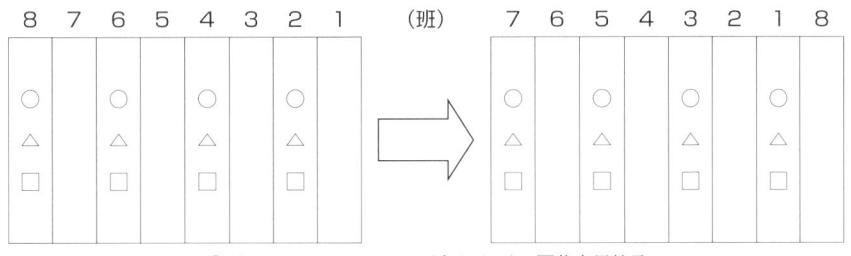

```
  8 7 6 5 4 3 2 1  （班）  7 6 5 4 3 2 1 8
  ○   ○   ○   ○           ○   ○   ○   ○
  △   △   △   △           △   △   △   △
  □   □   □   □           □   □   □   □
```
○ボール　△カラーコーン（寝かせて）　□体育用椅子

　一斉にスタートする。半数はフラット走であり，半数は障害物走である。一回おきにコースを変更することにより両方のコースを経験することができる。フラット走のコースと障害物走のコースの隣同士での競争を意識させる。両方を経験させることにより，「フラット走のほうが走りやすいよ」という声も聞かれたが，それぞれのコースでは走り方に違いがあるんだということを考えさせることもできた。

[第2時]

　この日から最初に8秒間走を取り入れた。フラットなコースでの全力走である。子どもたちは夢中で走る。走り終えた子どもたちは全力で風を切って走った心地よさを感じている。その後で障害物走に取り組み，発問する。

Ｔ：8秒間走と同じ速さで走れましたか。

C：走れない。走れません。いいえ。等
T：なぜ，走れないんだろう。
C：障害物があるから。

　そこで，ハードルを越えることについて考えさせる。各グループの子どもたちにハードルを3台用意し，グループで8秒間走と同じように練習させる。グループを回りながら声をかけていく。

T：上手に走れているのはだれ。
C：○○くん，○○さん。

　上手に走れている子は姿勢が安定している，スピードが落ちない，間隔が同じ，といった答えが返ってきた。そこで，「友だちのよいところを感じて走ろう」とシンクロハードル走を紹介することにした。

	←→	←→	←→	←→	8コースを4人ずつの兄弟チームで使う。
	6m	6m	6m	12m	

　授業の中で子どもたちに与えた指示は「4人が横に並んで，動きをそろえて跳び越そう」というものであった。グループが異質であるため，4人でそろえるということがなかなか難しく，それぞれのグループで工夫が見られた。4人でそろえることに熱心に取り組むうちに，子どもたちの中からインターバルを気にする様子は見られなくなってきた。

　　　声をかけよう　　　上げる足を合わせよう　　　○○君に合わせよう

といった声が多く聞かれるようになった。

走り終わったらすぐに話し合いをさせた。
T：友だちと合わせて走るには何が大切ですか。
C：声をかけ合う。気持ちを合わせる。

そこで，声をかけ合ってハードル走に挑戦させた。声をかけ合って繰り返しハードル走に挑戦することで，「リズム」が大切なのでは，ということに気づくことができたのである。

[第3～5時]

運動場に出てきた子どもたちは積極的に馬跳び鬼ごっこに取り組み，心も体も解放され，8秒間走にも意欲的に取り組むことができた。いよいよ本格的にシンクロハードル走に取り組む。グループごとに声をかけ合って練習を始めさせた。異質グループであるため，どのグループにも走るのが速い子もいれば苦手な子もいる。単元の中盤になると，子どもたちの指向は速く走ることよりも4人のリズムを合わせて走ることに変わってきたようである。

それぞれの練習の場で声をかけ合って練習を繰り返す。グループを回ると，グループによって工夫をしているのである。安定したリズムで走れている子が内側に入って率先して声を出しているグループ。上手に走れない子を内側に置き，上手な子が両脇から挟み，リードしているグループなどさまざまである。友だちの動きに気づいたり，教え合ったりする中で学び合うことを目標としてきた。

次の段階として，毎時間，発表会を取り入れることにした。それにより，他のグループの工夫を見つけることが新たな課題となり，それを取り入れていくことが次の学習へとつながっていくようになってきた。さらに，毎時間記録会を入れ，自分の記録の伸びを確かめさせるようにした。

7．授業を振り返って

①感じる

　今回の授業では子どもたちが授業の中で心地よさを感じることを大切にしてきた。まず，最初に8秒間走に取り組み，全力で走ることを心地よく感じさせた。その後で障害物のあるコースを全力で走らせた。当然のことながら，子どもたちは不自由さを感じる。そこで，心地よく走ることができないのはなぜか。この取り組みで子どもたちは全力で走る心地よさを感じるには一定の規則性が必要であることを発見していくことができた。

②心地よさの追求

　心地よさを追求していくにあたり，今回の授業の中で柱となったのがシンクロハードル走であった。これまでにも友だちのよい動きを見て学ぶということは行ってきたが，友だちのよい動き（心地よさ）を感じることを追求するにあたり，シンクロハードル走は効果的であったと考えている。

　子どもたちはグループで話し合い，工夫して挑戦する学習に十分満足していたが，それによって技術の向上が見られたのか確かめるために，授業の最後には記録をとるようにした。その記録会ももちろんグループの中で計測し合う方法で行った。

　学習の中心がシンクロハードル走になり，自分たちで声をかけ合い，走るということの繰り返しで数多く走るようになり，ほとんどの子が授業開始当初よりよい記録で走れるようになった。

　シンクロハードル走を学習の中心に据え，そこから見えてくるものが常に新しい課題となっていくととらえ，

活動 ⇒ 気づき ⇒ 発問 ⇒ 挑戦 ⇒

という過程を大切にして学習を進めたことで，子どもたちがハードル走の学習に満足している姿が多く見られるようになってきた。

　今回の授業ではチャイムが鳴り，運動場に出た状態で集合をかけずに鬼ごっこから始め，雰囲気がなごんだ状態から授業を始めた。この流れも授業の雰囲気づくりに効果的であったと考えている。

（塩澤榮一）

実践例9 〔高学年③〕

"走りはバッ！ フワッ！ フニャッ！ 跳び"
（走り幅跳び）

1．探求したい動きのおもしろさ

> ●走り幅跳びの一連の動きの中で，助走・踏み切り・着地の順に自分の体をリズムよく動かせたり，動かせなかったりする感じがおもしろい。
> ●いろいろな状況の中で，踏み切った後の自分の体が宙に浮いている感じ（浮遊感）を味わうことができたり，味わうことができなかったりすることがおもしろい。

2．動きのおもしろさを「感じる」工夫

①動きが不安定になる場・用具の設定

中学年までの学習や生活経験の中から，ほとんどの子どもは走り幅跳びの一連の動き（助走・踏み切り・着地）はスムーズに行うことができるが，ただ体が安定した状態でリズムよく跳ぶだけでは，子どもたちは体を動かす「感じ」に気づくことが困難である。そこで，意図的に動きが不安定になりやすい場を設定し，安定と不安定の違いから体を動かす「感じ」の違いに気づかせる。【具】【マ】

②単元目標の設定

これまでは，「飛距離を競う」ことを学習の目的としてきたが，走り幅跳びのもつ動きのおもしろさを感じ，自己や他者の間で気づいていくことを目的とした単元計画を考える。そこで，自由な走り幅跳びコースを紹介し合う活動を学習過程に設定し，他の子どもたちが創造した動きのおもしろさを互いに経験できるようにする。

【過】【形】

3．学びでの「気づき」の工夫

①「自由」「自立」「創造」を目指した単元構成

子どもたちが自ら感じた体の動きのおもしろさをもとに，さらに動きを自由に発展・創造できるように，単元前半を「さまざまな動きを経験する時間」，単元後半

を「さまざまな動きで味わえる『感じ』を楽しむコースを個人やグループで創造する時間」で構成する。【過】

② 「感じ」を表現させるための言語活動

子どもたちが活動の中で無意識に得ている動きの「感じ」をより深く気づかせるために，動いた感じを音で表すオノマトペ（擬音語，擬態語）や，話型を用いて言葉で表現させていく。【支】【声】【評】

③ 「感じ」に「気づく」数値化

子どもたちが動いた「感じ」そのもののおもしろさを意識し，表現できるように，動きの「感じ」をポイントで数値化させる。また，助走・踏み切り・着地と三つの局面に分けて，それぞれの局面で多様な不安定な動きを体感できるようにする。

【支】【声】【評】

4．学びを見取るための視点（評価規準）

		無意識・・・・・・・・・・（気づき）・・・・・・・・・・意識		
	「気づき」「感じ」	動きのおもしろさへの気づき	動きの出来事への気づき	動きを工夫するための気づき
違和感	身体がぎこちない感じ	不安定・制限の要素が含まれた場で，リズムよく跳ぶことができないが，それを楽しんでいる。	自分の身体が不安定な状態に気づき，安定した状態にしようと試みている。	助走・踏み切り・着地の視点で工夫して，自分の身体をコントロールすることを楽しんでいる。
（感じ）	身体が新たな場に対応できたりできなかったりする感じ	リズムをくずす場でも対応できるかできないかを楽しんでいる。	自分や友だちが考えた場で，リズムよく跳べたり跳べなかったりする状態を楽しんでいる。	他グループの場や行い方の違いを共有し，できるかどうかを楽しんでいる。
一体感	身体が自在に動く感じ	助走・踏み切り・空中・着地の一連の動きをリズムよく気持ちよく跳べることを楽しんでいる。	自分や友だちが考えたさまざまな場で，自在に身体をコントロールしてリズムよく跳ぶことを楽しんでいる。	共有したおもしろい場や行い方を自分たちの場づくりに生かし，走り幅跳びの楽しい世界にふれている。

5．単元の流れと実際

時		学習内容		学習の様子
1	さまざまな動きを経験して動きのおもしろさを感じる	オリエンテーション	助走・踏み切り・着地の安定・不安定さを体験しよう。	限定着地／リング跳び鬼ごっこ／両足踏み切り
2		踏み切った後の自分の体が宙に浮いている感じ（浮遊感）を味わおう。	浮遊感をポイントで評価しよう。	セーフティマット／ロイター板踏み切り
3	動きを味わうコースを発展・創造して感じを深める	助走・踏み切り・着地を組み合わせた場を創造しよう。（個人）		ケンステップの活用／跳び箱の活用
4		助走・踏み切り・着地を組み合わせた場を創造しよう。（グループ）		フープ着地／マット＆ロイター板
5		グループで創造した場を体験し，動きの感じを味わおう。		スピードがある人におすすめのコース

6．学びのあしあと

[第1時]　オリエンテーション　助走・踏み切り・着地の安定・不安定さを体験しよう

助走・踏み切り・着地で安定・ 不安定を体験！ 助走が速い！ 跳ぶ前に疲れる…。 パスッとして力が入らない。 助走の意味がなくなるよ。	提示 　「いろいろな跳び方をして、リズムよく・気持ちよく跳べる場を見つけ、創造していく」という単元のゴール設定の共通認識を図る。 工夫 　従来の走り幅跳びの概念をくずすため、また、無意識に行っている動作から自分の体の状態に気づくために、不安定な場や制限を加えていく。 （提示した場） 　・片足踏み切り・両足踏み切り 　・マット踏み切り 　・限定着地(ケンステップ)・ジグザグ助走 　・スポンジ着地・距離変化助走　など 様子 　最初は特に、両足踏み切りにとまどい、「踏み切る直前にどうすればいいの？」「ブレーキが…」と言いながら、不自由になった跳び方を楽しむと同時に、片足踏み切りとの違いを比較していた。

[第2時]　踏み切った後の自分の体が宙に浮いている感じ（浮遊感）を味わおう。 　　　　　浮遊感をポイントで評価しよう

	提示 　ゴムひもの下を跳ぶように指示し、自分の体が浮く動きに制限を加える。

第4章 「陸上運動」の授業実践

ゴムひもの下を跳んでみよう！

ゴムひもを意識するとリズムがくずれる…。

着地もふんわり。

今日も両足で試してみよう。

ロイター板はフワッとポイント10！

[工夫]
ワークシートを用いて「感じ」を言葉で表現させるための「(助走・踏み切り・浮いた・着地)したとき, (体の部位)が, (感じ)だった」という話型を提示した。また, 動きの「感じ」を音で表す「オノマトペ」を用いて表現させた。

[様子]
話型やオノマトペを提示することで, 自分の体の認識や動きの「感じ」が言語化され, 動きの「感じ」の共有に生かすことができた。

[工夫]
踏み切り後の空中での浮遊感を「フワッとポイント」(子どもが考えたネーミング)とし, 自分が浮遊している感じに, より気づけるようにしました。

[第3時] 助走・踏み切り・着地を組み合わせた場を創造しよう（個人）

助走・踏み切り・着地を組み合わせよう！

ぼくが着地したいところへフラフープを置こう！

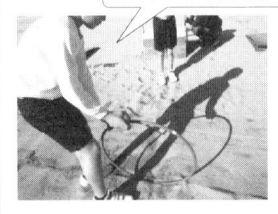

[提示]
これまでの安定・不安定の場の経験から, 自分がリズムよく, 気持ちよく跳べる場をつくる。

[工夫]
既習した三つの局面の動きを自分で確かめながら, 気持ちよくなる組み合わせを考えさせ, それを友だちから評価させる。

[様子]
局面を分けたことで, 子どもたちは「助走は10mがいい」「踏み切りは高さが調節できる跳び箱で…」「着地はフラフープを使おう」などと「気づき」が出しやすくなった。また,

121

| リズムよく跳べるおすすめの場は？ 投げ上げた球を捕ろうとすると一流選手の空中姿勢に似ているね！ | 既成の動きを発展させて，跳んだときに球を投げてもらい，浮遊感をしっかり感じていこうとする子どもがいた。発展した動きが出ると「自分もやってみよう」「この跳び方はフワッとしていい！」と工夫を互いに評価し合う姿が見られた。 |

[第4時] 助走・踏み切り・着地を組み合わせた場を創造しよう（グループ）

| グループで交流→場を創造 着地はここだよ！ ハードルを置くとリズミカルな助走になるかな？ 着地は気持ちいいけど空中のフワッと感が少なくなる。 | 支援 ①安全な場の設定ができているか，②リズムよく・気持ちよく跳べる場を意識しているか，③助走・踏み切り・着地の視点を意識しているか，グループごとの実態を見て声をかけていった。 様子 第3時での個人の活動を踏まえ，活発に意見交流が行われた。「マットを挟んで高さを出すアイデアがいいね」「ケンステップで間隔を調節するとリズムよく助走できる」「着地を両足に限定しよう」など，相互評価によって自分では気づきにくい動きの「感じ」に気づき，学びの質を高める姿が見られた。 |

[第5時] グループで創造した場を体験し，動きの感じを味わおう

| | 提示 互いにつくった走り幅跳び運動を説明し合う。体験後は，体がどんな感じになったのかを発表する。 |

> リズムよく・気持ちよく
> 跳べる場を見つけよう

> このボールを空中で捕ってね！

> この場の工夫は…

> 助走がスピードにのって気持ちいい！

工夫

体験後の感想の項目を絞る。
・どんな感じがしたか？
・リズムよく，気持よく跳ぶことができたか？
・どんなところが気持ちよかったか？

様子

「○班のフラフープ助走は，調節もできるしリズムに乗れていい」「うわっ，これはフワッと感がすごい」など，自然と相互評価し合う姿が見られた。

7．授業を振り返って

①「自由」「自立」「創造」を目指した授業はおもしろい

　子どもたちが自由に発想をふくらませ，自分たちで場を創造していくことを楽しんでいた。体の「感じ」に「気づく」ために，オノマトペ（擬音語・擬態語）や話型を提示したことも，子どもたちの発想や，運動そのものを楽しむ手助けとなった。

②走り幅跳びの概念をくずした授業から得られたもの

　先にも述べたように，走り幅跳びといえば「飛距離を競うもの」とイメージされる。それを動きの「感じ」に注目し，運動そのものを楽しんでいくことで，非常に盛り上がった授業になった。また，記録にこだわらず不安定さや制限を加えることで，無意識に跳んでいた一連の動きを意識的にとらえることができるようになり，自分の身体の状態を認識できるようになった。不安定さや制限の面では，特に，両足跳びや助走距離の変化が有効であると感じた。なかには，校舎の端まで下がって50m助走を試す子どもも出るなど，さまざまな動きを試す姿が見られた。

　単元に入る前は，この単元構成で走り幅跳びの力が付くか不安だったが，授業をしていくごとに不安が解消された。視点を明確に与えることで，記録にこだわらなくても子どもたちは走り幅跳びの動きを習得・活用していた。まさに楽しみながら跳ぶための身体技能を身に付けていたといえる。ただ，単元始めと終わりに記録を測定し，体の「感じ」に「気づいた」自分の成長を見たいという子どももいた。

③子どもたちの目が輝く授業

　授業中・授業後の子どもたちは,「この走り幅跳びの授業はおもしろい！」「体全体が風を切って気持ちいい」「陸上選手のようにフワッと浮いている」などの感想をもっていた。子どもたちが運動そのものを楽しみ,かつ必要な力が付く,そんな授業をこれからも創造していきたい。　　　　　　　　　　　　　　　　　　　　（宮内建治）

ちょっと一息

はだしで走る？　靴で走る？　②

　1991年に行われた東京世界陸上競技選手権大会の研究成果によると,ランニング中の脚（大転子点：腰と足関節を結んだ線）の接地直前の振り下ろしが速いと走速度も速いと示唆されました（日本陸上競技連盟強化本部バイオメカニクス研究班,1994）。78ページの実験2では,高速度ビデオカメラ撮影による走動作映像の解析によって,被験者の脚の振り下ろし速度が分析されました。その結果,脚の接地直前の平均振り下ろし速度は,「はだし」が498.47度／秒（標準偏差191.751度／秒）,「靴」が374.36度／秒（標準偏差149.166度／秒）となり,統計による検定の結果,5％水準で「はだし」のほうが接地直前の脚の振り下ろし速度が速いことが明らかになりました（田附俊一,2006）。これが「靴」より「はだし」のほうが速く走れる理由のようです。

　しかし,「靴」をはいて走る理由は,(1)校庭などに石やガラスの破片などが落ちている可能性とその危険性からの足の保護,(2)50m以上の距離を走る場合の足の裏の保護,(3)走動作は,体重を含む自身の地面に発揮した力の反発（床反力）を利用した重心移動であるが,その床反力が足関節や膝関節などに及ぼす負担の軽減などでしょう。

　速く走る感覚（脚を速く振り下ろす感覚）を神経的に身に付けるには,「はだし」で走るとよさそうだと考えられます。　　　　　　　　　　　　　　（田附俊一）

〈参考文献〉
田附俊一（2006）「靴と裸足による50m走――タイム,走速度,脚（大転子点と足関節を結んだ線）の接地直前の最大振り下ろし速度の観点から――」『同志社保健体育』同志社大学保健体育研究室, pp.37-54
日本陸上競技連盟強化本部バイオメカニクス研究班(1994)『世界一流陸上競技者の技術』ベースボールマガジン社, p.48

第4章 「陸上運動」の授業実践

実践例10 〔高学年④〕

"高く跳んでみよう！"
（走り高跳び）

1．探求したい動きのおもしろさ

●リズミカルな助走からタイミングよく踏み切り，ねらった高さをふわっと跳び越える感じが，おもしろい。

2．動きのおもしろさを「感じる」工夫

①さまざまなレディネスをもつ子どもたちであるので，まずは，高く跳ぶ「感じ」を自由に何度も思いっきり味わえるようにする。少人数のグループで行うゴム跳びや，いろいろな高さの段ボール高跳びが行えるやさしい場づくりを行う。【過】【形】
②子どもたちは，いろいろなやり方で高く跳んでみることによって，より高く跳ぶために必要な助走や踏み切りの「感じ」をつかむことができる。助走の距離や歩数に変化をつけて不自由さを味わったり，踏み切り板や跳び箱を踏み台にしながら踏み切りに注目したりすることで，自分なりの「高く跳ぶ感じ」を味わえるようにする。【支】【具】

3．学びでの「気づき」の工夫

①跳んでみた「感じ」をもとに，高く跳ぶことにつながる助走距離や踏み切りの仕方についてグループで考え，それらを確かめるために必要な「こだわり」のある場を自由につくれるようにする。また，自己の記録に挑戦したり，チームで競争したりする，高く跳ぶことの楽しみ方の工夫ができるようにする。【過】【形】
②毎時間の最後には少人数で輪になって座り，感じたことや気づいたこと，考えたことを分かち合うシェアリングを行う。仲間と自分の共通点や相違点を，次時の活動の工夫につなげ，意欲的な学びが継続的に行えるようにしていく。【形】【支】【評】

4．学びを見取るための視点（評価規準）

	「気づき」「感じ」	動きのおもしろさへの気づき	動きの出来事への気づき	動きを工夫するための気づき
違和感	身体がぎこちない感じ	やさしい場で，高く跳ぶ感じを何度も楽しんでいる。	無理のない高さをクリアするおもしろさに気づき，安定した場を生み出そうと試している。	無理のない高さを設定し，動きの安定さを保とうと工夫し，おもしろさにふれている。
（感じ）	身体が新たな場に対応できたりできなかったりする感じ	ねらう高さを徐々に高めながら「跳べるか／跳べないか」という動きのおもしろさを味わっている。	「跳べるか／跳べないか」の間で，自分に必要な条件を探そうと試みている。	「跳べるか／跳べないか」わからない高さを設定し，動きの「安定／不安定」の均衡を保とうと工夫し，おもしろさにふれている。
一体感	身体が自在に動く感じ	ねらった高さをうまくクリアし，高く跳ぶ感じを何度も楽しんでいる。	より効率的に高く跳ぶための条件に気づき，それを生かそうとしている。	技能の向上を目指す練習や高跳びの楽しみ方の工夫を仲間との協働で行い，運動のおもしろい世界にふれている。

無意識・・・・・・・・・・・（気づき）・・・・・・・・・意識

5．単元の流れと実際

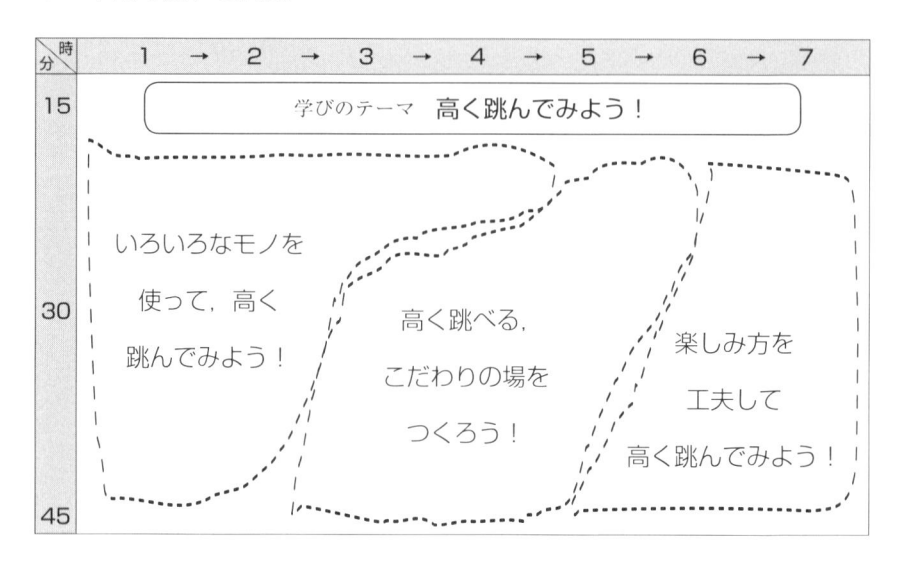

時分：1 → 2 → 3 → 4 → 5 → 6 → 7

15〜45分

学びのテーマ　高く跳んでみよう！

いろいろなモノを使って，高く跳んでみよう！

高く跳べる，こだわりの場をつくろう！

楽しみ方を工夫して高く跳んでみよう！

6．学びのあしあと

[第1時]

「6年生最初の体育は『高く跳んでみよう！』です。はじめはゴムを使ってグループで協力しながら，何度も高く跳ぶおもしろさを味わってみましょう」と話し，新年度の体育授業をスタートさせた。背の順で4人組をつくり，思い思いの高さにゴムを上げ下げしながら，繰り返し高跳びに取り組めるようにした。子どもたちは自分が跳び越せる高さかそうでないかの判断を一瞬のうちに行っている。「もうちょっと上げて！」「それは絶対ムリ！」とゴムの両端をもつ仲間に声をかけながら，跳べるか跳べないかわからないギリギリの高さを要求し，納得した高さめがけて思いきって跳ぶ子どもたちが多く見られた。

全員が数回は跳べた頃を見計らい，「高く跳ぶために気をつけることって何かある？」と全体に問いかけた。ここでは，「勢いをつける」「脚を高く上げる」という考えが出されたので，「じゃあ，みんなで試してみよう」と投げかけ，ゴム高跳びをさらに楽しんだ。

終末に書いた学習カードの「とんだとき気持ちがよかった」「とべるかとべないかわからないときに，とべたときがうれしい」「もっと高くとべるような気がした」という子どもたちの言葉や実際の様子から，高く跳ぶおもしろさを素直に感じ，高く跳ぶことに対する意欲を高めていることを知ることができた。

【第2時】

前時に非常に盛り上がっていたゴム高跳びを再び行った。ねらう高さに違いがあっても，タイミングよく踏み切る姿が多く見られるようになった。再度「高く跳ぶために気をつけること」について全体に聞いてみたが，言葉としては新しい気づきは出てこなかった。そこで，場づくりを通した仲間との会話によって高く跳ぶおもしろさに気づけるように，生活班による自由な高跳びの場づくりを行うこととした。

すべての班が高跳び用スタンドに竹バーを乗せたり，ゴムを張ったりした場をつくり，思い思いの高さをねらって跳び始めた。しかし，それぞれの場からは，助走や踏み切り，ふわっと跳び越える感じといった走り高跳びのおもしろさにつながる「こだ

わり」を感じることができなかった。子どもたちは、自分が跳べるか跳べないかという高さに興味をもっており、その高さを跳び越えるために必要な自分の身体には目が向いていないような印象であった。

【第3時】

高く跳ぶ感じをさらに味わわせるために、段ボール高跳びに取り組んだ。段ボールは置き方を変えるだけで高さを変えることができるので、いろいろな高さを設定し、何度も何度も繰り返し跳び越えようと試す子どもが多く見られた。また、ゴムや竹バーと違い、幅が狭いため、段ボールの上をしっかりと"跳び越す"という感じを味わうた

> 段ボールは思いっきり跳べるな！

めに、思いきって踏み切り、膝を胸に引きつけるような動きをする子どもも見られた。高く跳ぶことが苦手な子にとっては、安心して取り組める場づくりとなった反面、高さを追求していきたい比較的技能の高い子にとっては、もの足りなく感じられる場であった。

【第4・5時】

第4時は、自分（たち）の「こだわり」をもって高く跳ぶことに挑戦していけるように、助走と踏み切りの大切さを感じ、自分にとって必要な動きに気づけるような場の工夫を行い、クラス全員で取り組むことから始めた。

助走に関しては、助走距離を1mから30m程度まで少しずつ変えて、70cmの高さの竹バーを跳び越す活動を行った。この活動によって、短い助走では窮屈な跳躍となり、長すぎる助走は必要がなく、自分にとってちょうどよい助走距離がありそうだ、ということをみんなで確認することができた。学習カードには「助走の位置がわかったら跳びやすくなりました」「助走を変えるだけで跳びやすさが変わったから、自分に合った助走を見つけたい」という記述があり、場の工夫によって子どもたちの気づきを促すことができたことがわかった。

> どのあたりからスタートすると跳びやすいのかな？

踏み切りに関しては、踏み切り板と跳び箱の1段目を使った踏み切りで、高さの違う竹バーを跳び越す活動を行った。この活動は歓声が上がるほ

第4章 「陸上運動」の授業実践

ど盛り上がり，より高いバーを跳び越そうとする意欲的な活動が多く見られた。高さだけに意識が向かっているように見えたが，子どもたちに聞いてみると「踏み切り板だと強く踏み切れる」「跳び箱を使うとふわっと跳べるから気持ちいい」という話を聞くことができ，高く跳ぶ技能的なポイント（力強い踏み切り）に気づいたり，ふわっと高く跳ぶ感じのおもしろさを味わったりすることができた活動であったことがわかった。

第4時終盤から第5時にかけて，「自分が練習したいこだわりの場を自由につくって活動してみよう」と話し，同じこだわりをもつ子ども同士で練習の場づくりを行った。踏み切り板や跳び箱を使うグループが多かったが，「こわくないから」という理由から段ボール高跳びに取り組むグループもあった。活動が安定してくると，踏み切り板や跳び箱を使っての踏み切りと，モノを使わないふつうの踏み切りでの跳躍を交互に行いながら，その違いを味わいつつ，自分だけの力でどのくらいの高さが跳べるようになったのかを確かめるグループも出てきた。

【第6・7時】

用具を工夫しながらこだわりの場づくりを進めてきたが，グループによっては活動や雰囲気が単調になりつつあったので，自分の最高記録への挑戦やグループによる対抗戦といった，楽しみ方の工夫についても考えられるように促してみた。

仲間と応援し合いながら自分の記録に挑戦するグループや，2チームに分かれて一定の高さをクリアできた人数を競い合うグループも出てきたが，「まだまだ高く跳ぶ感じをじっくりと味わいたい」という思いから，跳び箱を使ってふわっと感を何度も繰り返し味わうグループや，自分に合った助走や踏み切りの方法をこだわって追求するグループもあり，活動はさまざまなものとなっていった。

第7時の後半に，「6年生の今の自分の力で，どこまで高く跳べるのか確かめてみよう！」と話し，グループ内で記録会を行い，学習を終えた。

7．授業を振り返って

第4学年で高跳び遊びにじっくりと取り組んだ学年であったので，第1時から多くの子どもたちが比較的スムーズな跳躍を見せていた。そこで，リズミカルな助走か

らのタイミングのよい踏み切りや，ふわっとバーを跳び越える走り高跳び特有の動きのおもしろさや心地よさに気づき，それらを探求していこうとする意識がもてるような授業を心がけた。助走距離に変化をつけて自分に合ったスタート位置を見つけたり，跳び箱を使った踏み切りによりふわっと感を味わうと同時に，力強い踏み切りの必要性に気づいたりする活動は，走り高跳びのおもしろさが十分に味わえるものであり，子どもたちの気づきを十分に促す取り組みであったと思われる。

　第6時終了時に書いた学習カードには，「ふみ切りの近くで小またで走ると，歩はばが合ってとびやすかった」「(コツは) ふみきりのときに小走りにする」「とぶまでのタイミングは，ゆっくりのあと，残り3mぐらいのときにスピードを上げる」といった記述が多く見られるようになった。「リズミカルな助走からタイミングよく踏み切る」という動きのおもしろさを，自分たちがつくり上げる学びの中から子どもたちがしっかりと見つけ出していたことがわかる。

　また，これらの気づきを仲間と共有する有効な機会となっていたのが毎時間の終末に行ったシェアリングである。「こうするといいんじゃないかと思うんだけど……」といった仲間の発言への共感や驚きが，次の時間での探求意欲を高めていたと思われる。

　ただ，実態によっては，活動をさらに深める手立てとして，こだわりの場を交流させるワークショップを行ったり，楽しみ方を広げるという意味での記録会の行い方について子どもたちに検討させたりすることもできると思われる。子どもたちが，高く跳ぶ動きのおもしろさを感じて，自分にとって必要な動きを探求し，気づき，それを仲間と共有しながら，広げ，深めていく学びのプロセスを今後も生み出していきたい。

（山崎大志）

第 5 章

授業づくりのポイント

1 リズムから「走・跳の運動」を考える

(1)「リズム」について

① 学習指導要領から

平成20年の学習指導要領の改訂を受けて,高学年の陸上運動の技能面に関しては,以下のように示されています(文部科学省,2008,p.69)。

---
(1) 次の運動の楽しさや喜びに触れ,その技能を身に付けることができるようにする。
   ア 短距離走・リレーでは,一定の距離を全力で走ること。
   イ ハードル走では,ハードルをリズミカルに走り越えること。
   ウ 走り幅跳びでは,リズミカルな助走から踏み切って跳ぶこと。
   エ 走り高跳びでは,リズミカルな助走から踏み切って跳ぶこと。

「リズム」というものに,注目されていることがわかります。また,中学年では,以下のように示されています(文部科学省,2008,p.47)。

---
(1) 次の運動を楽しく行い,その動きができるようにする。
   ア かけっこ・リレーでは,調子よく走ること。
   イ 小型ハードル走では,小型ハードルを調子よく走り越えること。
   ウ 幅跳びでは,短い助走から踏み切って跳ぶこと。
   エ 高跳びでは,短い助走から踏み切って跳ぶこと。

中学年の場合,例示の中で,幅跳びについては,「短い助走から調子よく踏み切って遠くへ跳ぶ」と示され,高跳びについては,「短い助走から調子よく

踏み切って高く跳ぶ」と示されています（文部科学省，2008, p.48）。中学年では，「調子よく」という言葉に注目されていることがわかります。「調子」という言葉には，「物事の動きのほどぐあい。ぐあい。はずみ。勢い。」（『広辞苑』2008）という意味が含まれています。また，「（拍子）time；rhythm」（『新和英大辞典』2004）と訳されます。このことからも「調子」は，「リズム」に関連のある言葉として認識することができます。

では，低学年（文部科学省，2008, p.29）ではどうでしょうか。

---

(1) 次の運動を楽しく行い，その動きができるようにする。
　ア　走の運動遊びでは，いろいろな方向に走ったり，低い障害物を走り越えたりすること。
　イ　跳の運動遊びでは，前方や上方に跳んだり，連続して跳んだりすること。

低学年の場合，「連続」に注目されていることがわかります。例示を参照すると，いろいろな形状の線上を走ったり，いろいろな間隔の障害物を走り越えたり，片足や両足で跳んだりするなど，多様な動きの中で連続性を見出していこうとする意図をくみ取ることができます。

このように，小学校の陸上運動系の技能面を系統的にみると，低学年は「連続して○○する」動き方を身に付け，中学年の「調子よく○○する」動きにつなげていくことがわかります。この「調子」には，「（拍子）time；rhythm」に支えられた意味合いがあり，高学年の「リズミカルに○○する」動きへとつながっていきます。

② 「リズム」とは

陸上運動系の学習では，この「リズム」がキーワードになってきます。そもそも「リズム」とは，いったい何でしょうか。「リズム」という言葉は，きわめて多方面にわたり使われています。例えば，生活のリズム，音楽のリズム，色彩や紋様のリズム，身体運動のリズムなど，少し考えただけでもこのようにあげられます。ある意味，便利な言葉であり，気軽に使われている言葉でもあ

ります。そのため,「リズム」に対する理解のされ方も一様ではないはずです。「リズム」は,「①音楽で,一定の規則をもって繰り返される,音の長短・強弱・速度などの組み合わせ。②物事が規則的に繰り返されるときの,周期的な動き。」(『明鏡国語辞典』2002)と定義されています。このように動きという面から「リズム」をとらえると,一般的には周期的な反復運動として「リズム」は理解されているようですが,同じような意味で表す言葉として,「拍子」も一般的に使われています。そのため,「リズム」に対する理解のされ方も一様ではないはずです。私たち教師は,「リズム」というものを的確にとらえることができないと,陸上運動系の指導には当たれないようです。もう少し,「リズム」について,掘り下げて考えてみましょう。

クラーゲス(Klages, 1971)は,以下のように「リズム」と「拍子」を対比させて,無意識的かつ自然的な反復運動を「リズム」と呼び,意識的かつ人為的な反復運動を「拍子」と名づけています。

> リズムは――生物として,もちろん人間も関与している――一般的生命現象であり,拍子はそれに対して人間のなす働きである。リズムは,拍子が完全に欠けていても,きわめて完成された形で表れうるが,拍子はそれに対してリズムの協働なくして表れえない。

私たちの身のまわりには,雨音であったり犬の走る姿であったりとさまざまな反復現象を絶えず聴いたり見たりしています。これらの反復現象を「ポツ,ポツ」とか「タッタカ,タッタカ」というふうにとらえているのは,人間のほうです。身のまわりの時空間にリズムをつけて感じとっているケースがまだまだありそうです。このように考えると,私たちは,世界を主体的に分節化し,生き生きとした意味のある時空間を自分のまわりにつくっている(木村, 2003)ことがわかります。つまり,「リズム」というのは,人間が受動的かつ能動的に生み出しているといえるのではないでしょうか。

一方,「拍子」について,クラーゲス(Klages, 1971)は,拍子を生み出すの

は私たち人間であり，運動の持続性がリズムとして体験されるためにはまず拍子がそれに加わらなければならないとしています。つまり，人間がリズミカルに運動するということは，自らの動きを受動的かつ能動的に「リズム」として感じとり，よりよく身体運動で表現しようとする行為であるといえます。きわめて能動的な行為として受け止めることができるでしょう。

(2) リズムから考える「走・跳の運動」

① リズミカルな動き

これまでの話から，リズミカルな動きについてまとめると，「リズムを感じてよりよく身体運動で表現する（拍子をつける）」ことが「リズミカルに○○する」ということになります。つまり，リズミカルな動きを探求していく場合，「リズム」を感じとり，その「リズム」に働きかけて「拍子」をつける。そして，その「リズム」を感じとるといったスパイラル的な営みによって，よりよく身体運動で自己を表現することにつながります（図5-1）。

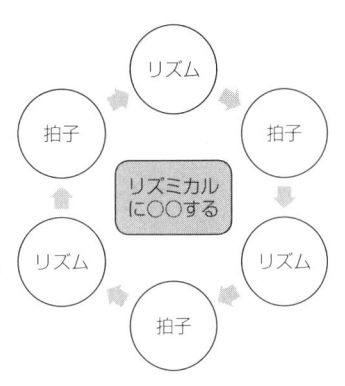

図5-1　リズミカルな動き

このようにリズミカルな動きをとらえていくと，「リズム⇒拍子⇒リズム⇒」の「⇒」にこそ大きな意味が含まれていることがわかります。「リズム」があっても，その「リズム」を感じ，気づかなければ，「拍子」を生み出すことができないのです。この「⇒」は，「感じる」ことであり，「気づく」ことなのです。この「⇒」を抜きにして，「リズミカルな動き」を探求することはできないのです。だからこそ，これからの「陸上運動系」では「感じる」ことの行為である感覚体験を重視するべきだと考えるのです。ついつい，「リズミカルに動く」ことに目を奪われがちになりますが，動く主体は子どもたちです。生身の人間です。運動している子どもたちは，教師がプログラミングした動きを入力して動く客体ではないのです。子どもたちには，感覚器官があり，頭脳があり，心があります。子どもたちは皆，情報的存在でもあり，心理的存在でもあります。

子どもたちは，仲間とコミュニケーションをとりながら活動しています。仲間と情報交換や情報共有をしており，意思をもって動いているのです。この意思は何もないところから生み出されるのではなく，子どもたち自身が，情報（リズム）を感じとり，気づくことから生まれてくるのです。

② 感覚体験の重要性

リズムを感じとらなければ，拍子をつくり出すことはできないことを考えると，低・中学年での「走・跳の運動（遊び）」で，感覚体験をふんだんに味わわせたいものです。動きに対する感性を豊かにさせてあげることが，高学年の「リズミカルな動き」への第一歩となるのではないでしょうか。運動するにあたって，リズムを感じ，そこに気づきが生まれなければ，拍子をつくり出すという能動的な行為に発展することが難しくなってきます。そのため，低学年では「連続して○○する」という行為から，リズムを感じとる感覚体験を大切にしたいわけです。中学年でも同様に「調子よく○○する」という行為から，「調子よく」という意味を体感することが，高学年の「リズミカルに○○する」という行為につながっていくと考えられます。

今まさに「感じ」や「気づき」の重要性が問われていると思います。子どもたちの身体が織りなすリズムにもっと耳を傾けた授業を展開してみてはどうでしょうか。遠藤（2008）は，「これまでの体育は『動くこと』にかかわる能力の開発を中心にしてきたように思う。『動く』力を育ててはきたが，『感じる』力を育ててはこなかったように思う」と述べ，「体を『動かすこと』だけではなく，『感じること』『考えること』を大切にすることによって，自身の体や自分自身を再発見したり，他者をリアルに感じたり，周りの世界を鮮やかに感じられるようになる」と，感じることの体育的意味の大切さを説いています。

このように，「リズム」から走・跳の運動をとらえると，すべて他者と競争（走）するとか，記録を達成するといった「体を動かすこと」だけでなく，「リズムを感じる」おもしろさや心地よさも十分に味わえる実践をしていきたいものです。

(寺坂民明)

〈参考文献〉
遠藤卓郎（2008）「『感じること』の体育的意味——ボディワークの授業から」『現代スポーツ評論 18』創文企画
木村真知子（2003）「リズムの根源的な意味」『女子体育』第45巻，第5号
Klages, L. 著／杉浦実訳（1971）『リズムの本質』みすず書房

ちょっと一息

くねくね走

　走ることは多くのスポーツにとっての基礎的な動作です。しかし，直線的に一定距離を走る動作は，陸上競技の短距離走や長距離走に加え，サッカーなどの一部の種目でしか見ることができません。短距離走のベースとなる体力要素は瞬発力であり，長距離走のベースは全身持久力です。それらのいずれも小学生の時期に中心的に伸ばすべき体力要素ではありません。神経系の発達が著しい小学生期は調整力を高めたいものです。走の動作においても同様です。

　走動作で調整力を高める手だての一つとして「くねくね走」があります。長いロープやカラーコーンでつくった「くねくね・ジグザグコース」を走らせるのです。素早い身のこなしは調整力に加え，敏捷性，平衡性も鍛えてくれます。また，子どもにコースを考えさせれば思考力や協力的な態度も高められます。

　近年の長距離走トレーニングではクロスカントリーが取り入れられています。アップダウンの地形と芝が足関節を強くし，高いトレーニング効果が得られます。小学生でも同様であり，「3次元のくねくね走」だといえます。ぴったりの地形がなければ，体育館にマットやエバーマットを使って自分たちのクロスカントリーコースをつくってみましょう。映画やテレビだけでなく，走運動の場も3Dの時代です。

　さらに，ロープやコーンを使わない「くねくね・ジグザグ走」も魅力的です。2，3人組をつくり，先頭を走る子を鬼とします。鬼は後ろの子を振り切るように左右にくねくね・ジグザグと走ります。後ろの子はタッチをするのではなく，鬼の素早い切り替え動作に合わせて走ります。他のグループとぶつからないように視野を広くすることも重要です。これらにより調整力の中でも高次な能力を鍛えられます。サッカーやバスケットボールなどで求められる能力です。3Dとの組み合わせを図れば，くねくね走の可能性は大きく広げられます。

（梅澤秋久）

2 「からだ」を大切にした「陸上運動」における学び

(1) 心と体の一体化――「身体化された自己」

①「からだ」の問題

「心と体を一体としてとらえ」という文言が学習指導要領体育科の目標の冒頭に掲げられています。そもそも心と体は別なるものなのでしょうか。

本書をお読みになっている方の多くが，心がスッキリしないときに体をいっぱいに動かして発散した経験をおもちではないでしょうか。このことは，心と体が一体であることをあらわしています。

一方で，心と体が一体でない子どもが増えてきているのも現実です。

精神医学者であるレインは，著書『ひき裂かれた自己』（みすず書房，1971年）において心の病と身体の関係が非常に深いことを明らかにしています。自分の身体に対して嫌悪感を抱いている人は，身体が自分の外の世界の側に存在している「身体化されない自己」の状態にあると定義しています。2011年に発表された「高校生の心と体の健康に関する調査」（財団法人日本青少年研究所）では，日本の女子高生はアメリカ，中国，韓国を加えた4か国の中で最も「やせ型」でありながら，自分の体型を最も「太っている」と評価する傾向にあり，自分の体型に「満足している」割合は最も低い傾向にありました。このことからも「身体化されない自己」に陥っている子どもが多いことは明らかです。

テレビゲームやインターネットの世界だけで多くの時間を過ごす子どもも増えています。体を使わないバーチャルな映像情報とのやりとりがリアルな体と心を分離させてしまっていると多方面の識者から危惧をされています。

先の意識調査では，日本の高校生は「気分の晴れない鬱的な傾向」が他国に比べて強いことも報告しています。「憂鬱」「むなしい感じ」「寂しい」「わけもなく不安だ」と回答した割合が，米中韓に比較して高いのです。特に「憂鬱」

感は，日本の高校生の5人に1人以上が頻繁に感じているようです。

つまり，現代の日本の子どもたちは，心と体が分離してしまいやすい環境の中で生活しており，現実問題として心を病んでいる「身体化されない自己」の割合が高まってきていることがわかります。

では，心と体が一体となっている「身体化された自己」の状態になるためには何が必要なのでしょうか。

②「身体化された自己」とコミュニケーション

レインは，人が「身体化された自己」を生きるとき，「他者と現実的でしなやかな関係を結ぶことができ，自分がこの世界（社会）に生きていることが意味のあることと感じることができる。また，自分の行動が他者や社会に影響を及ぼすことができる」と述べています。逆説的にいえば，バーチャルではないリアルな状況の中で「意味」（本書では「運動の意味」）をつくり出し，自己効力感・自己有用感を感じ合えるようなかかわり合いによって「身体化された自己」であり続けることができると考えられます。

第83回アカデミー賞で作品賞など4部門に輝いた映画『英国王のスピーチ』は，内気で吃音に悩む英国王ジョージ6世がコンプレックスを克服していくドキュメンタリーです。そこには，妻や家族の支えと言語セラピストの活動的なコミュニケーションによって国民に訴えるスピーチの意味を見出し，国王としての自己効力感・自己有用感を有する「身体化された自己」を再構築していくストーリーが感動的に描かれています。

真の「心と体の一体化」とは「身体化された自己」の状態であるといえます。その状態にある者もそうでない者においても，他者（教員やセラピスト等指導者を含む）とのコミュニケーション自体が学ぶ手段という枠を越えて学ぶべき目的・内容となります。

また，教育という営みにおいては学習内容（陸上運動，スピーチ等）自体とのコミュニケーションも忘れてはなりません。「身体化された自己」を目指す学び合いでは，学ぶべき内容に能動的に意味をつくり出すことが重要だといえます。

それらが有機的に絡み合うことができたときに「教育は感動だ」ということ

につながるのでしょう。

③「コミュニケーション」と「からだ」の関係

日本では古くから「身をひく」や「はらが据わる」などに代表されるように心と体を一体としてとらえた表現が多くあります。このように心と体が一体となっている状態を，ここでは「からだ」と呼ぶこととします。

ところで，「あの人は心をひらいてくれていない」と感じたことはありませんか。しかし，心というものを見られる人はいません。つまり，心をひらいていない「からだ」を察してコミュニケーションがうまくいっていないと感じているのでしょう。反対に考えれば，「からだ」をひらくことでコミュニケーションを豊かにできる可能性が高まります。

体育は「好きな教科」にあげられる一方，「運動好きの体育嫌い」や「体力の二極化傾向」などの問題も指摘されています。つまり，「からだ」をひらいている子が多い一方，「からだ」をとじている子も少なからず存在しているはずです。では，体育科においてすべての子どもが「からだ」をひらくためには何が必要なのでしょうか。

(2)「身体化された自己」を再構築し合うコミュニケーション

①「からだ」と「場」のコミュニケーション

体育科教育の世界で「場」というと，施設や器械器具のセッティングの方法というイメージが湧きやすいと思います。しかし，ここでの「場」は，施設や器械器具のセッティングに加え，その活動の場の醸し出す雰囲気や教師や仲間から感じられる雰囲気も含めるものとします。

ヘルマン・シュミッツは，著書『身体と感情の現象学』（産業図書，1986年）において，「からだ」の感覚と「場」の雰囲気が連動しているということを述べています。

運動会当日，万国旗が飾られ，きれいにラインが引かれた校庭で興奮して走り出す子ども。体育館のエバーマットにダイビングする子ども。快晴の海水浴場で波に向かって全力で走り出す若者。すべて「場」が発する雰囲気を感じと

って「からだ」がひらき，ダイナミックな運動が誘発された例です。
　つまり，人は人とだけでなく，「雰囲気も含む場」ともコミュニケーションをとっているといえるのです。
　② 体育における「からだ」をひらく「場」づくりの原則
　広い芝生の公園では多くの子どもが笑顔で走り回っています。先の砂浜の若者と同じように，場の雰囲気が「からだ」をひらかせ，走運動が誘発された例です。
　同様に運動会の例をあげました。しかし，運動会の朝，すべての子どもの「からだ」がひらかれていることはないでしょう。なぜならば，徒競走で「１等になれるか」「ビリにならないか」といった不安を抱えた子がいるはずだからです。
　この優勝劣敗思想が「陸上」を難しいものにしていると思われます。しかし，小学校体育科においては陸上競技ではなく陸上運動です。つまり，全員の「からだ」をひらくことを目的とした授業においては，客観的な勝敗だけを「おもしろさ」の基準にしないことが教師に求められています。全員にとって同じ距離（工夫や判断を必要としない直線等）を走らせ，相対的に順位づけることしかしなければ，「いつもビリだ」と感じている子は自己否定感・無力感を感じたり，自分の前を走る子が転ぶことを心ひそかに願ったりすることもあるかもしれません。
　つまり，「からだ」をひらくことを目的にした体育授業では，「客観的な勝敗」だけを連想させない場や学習形態であることが前提となります。
　一方で，競争意識は子どもの活動を真剣にさせるため不要ではありません。競争を活用する際は「勝利の不確定性」によって「おもしろさ」が増します。
　③ 陸上運動における「からだ」をひらく「場」
　子どもの「からだ」をひらくためには，その活動の場が魅力的な雰囲気を発していなければなりません。
　走の運動では，くねくね・ジグザグのコースがおすすめです。ラインがくねくね引かれていたり，ジグザグにカラフルなコーンが置かれていたりするだけでも，子どもの「からだ」がひらかれやすくなります。学年が上がればグループごとにコースをつくり，活動することもできます。オリジナルコースでタ

イムを計り，自己ベストやグループの合計ベストを目指すこともよいでしょう。特にグループベスト記録を目指す活動は，仲間同士高め合う必然性が増し，走力や左右に素早く移動する身体感覚に加え，コミュニケーション能力をはぐくむ学び合いとなります。オリジナルコースゆえに他のグループとの競争ではなく，未来の自分たちへのチャレンジとなり，速く走るための「気づき」の交流が生まれます。

　ハードル走では，はじめは段ボールや低ハードル等，障壁だと感じにくい用具を使用することで「からだ」はひらきやすくなります。ハードルや仲間との対話を重視した実践例として，スタートからゴールまでの距離とハードル数を指定し，グループごとに気持ちよく走れるインターバルを考案するという活動があります。コミュニケーションを主とした学習ですが，タイム（技能）向上も可能です。何度も走りながら試行錯誤を繰り返す必然性が存在するからです。

　リレーにおいて走運動が苦手な子の「からだ」をひらかせるポイントは「プロセスの不明瞭性」でしょう。ワープコースリレー（距離の違うコースが存在するリレー）は典型学習材です。各グループ内で決められた人数の子だけワープできるようにすること，何走目がワープしてもかまわないようにすることをルールとすれば，ゴールするまでどのグループが先頭なのかビリなのかが不明瞭になります。走力に自信がない子が負い目を感じにくく全力で活動できます。

　跳の運動では，高く（高跳び），遠く（幅跳び）へ「フワッと」浮く感覚を味わうための用具として踏み切り板や跳び箱が魅力的です。跳び越える対象としてのゴムや段ボールは子どもの「からだ」をひらきます。「フワッと」浮いた空中姿勢や着地姿勢における気づきの共有が学び合いのポイントになるでしょう。走・ハードル運動と同様に，仲間や学習内容とのコミュニケーションを重視し，個人種目であっても「気づき」を共有する必然性が求められます。

　④　他者とのコミュニケーション——仲間

　雰囲気も含めた「場」の中の重要な構成要素であり，直接的なコミュニケーションの対象は「他者」です。なかでも同じ学び手である級友は大きな存在です。

　学ぶことが「自己中心性から逃れて自分をひろげ深くしていくこと」だとす

るならば，機械的なほど同一の考え方をする他者からは自己のアイデンティティをひろげ深めることは非常に難しいでしょう。OECDでは，21世紀におけるキーコンピテンシー（主要能力）の一つに「異質集団の中でのコミュニケーション」をあげています。一つのテーマにおいて十人十色で真剣に取り組める集団はすばらしいです。個性の尊厳を重んじる関係性（尊厳的個性）と個人的能力特性としての二つの個性が重視されているからです。

「確かに『こころ』はだれにも見えないけれど　『こころづかい』は見えるのだ　それは人に対する積極的な行為だから」（宮澤章二『行為の意味』ごま書房新社，2010年より）といった能動的行為による関係性の中で学び合うことは，子どもが自己効力感や自己有用感をもてることにつなげられます。まさに学び合いの中で「からだ」をひらき，「身体化された自己」を再構築し合う関係です。

⑤　他者とのコミュニケーション——教師

雰囲気も含めた「場」をデザインすること（デザイナー）に加えて，子どもたちの学びをひろげ深める対話を行うことが最も重要な教師の役割です。

「身体化された自己」を再構築する学びは，従来の技能の習得・活用という枠に収まる過程ではなく，ジグザグに置かれたコーン，ハードル等と「からだ」の対話のあり方を他者との対話を通して学んでいく過程だといえます。別言すれば，陸上運動に内在する「おもしろさ」を見出し合うコミュニケーションの中で「身体化された自己」を再構築し合う過程だといえるでしょう。

そこでの対話に専門職である教師が入ることでひろがりと深まりが生まれなければなりません。「身体化された自己」を再構築し合う学び合いにおいては，他者性（その人らしさ，その人ならではの「気づき」）をどれだけ多く取り込むことができるかが重要です。「気づきの連鎖」が起こせるかどうかはコーディネーターとしての教師の力量にかかっています。

教師の尊厳的個性あふれる学級経営の能力によって「気づきの分かち合い」が行われ，自己効力感・自己有用感を有する「身体化された自己生成」をし合うこと，すなわち，よりよい自分づくりとよりよい仲間づくりが可能になると考えられます。

（梅澤秋久）

3 陸上運動への「Game Sense」の導入
――退屈な練習とは決別した,エキサイティングなアプローチ!

(1) はじめに

　ボールゲームの指導では,Teaching Games for Understanding (以下,TGfU) やGame Senseといった個別の技術をゲームから切り離して教えるのではなく,ゲームでプレーすることを通して学びが深まっていくようなアプローチへの注目が集まり,構成主義的な体育授業への関心が高まっています (Launder, 2001)。

　体育における,このような関心の高まりは,カークとマクドナルド (Kirk & Macdonald, 1998) による状況論的な学習に基づく体育授業に関する研究 (1998) やヨーロッパ諸国での構成主義的な体育の授業づくりへの注目をきっかけとして生まれました (Grehaigne & Godbout, 1998を参照)。ゲームを通した学習やそのアプローチの有効性に関する研究の成果は,TGfUにおける学習を深化させるための指導論やComplex learning論への関心に多大な影響を与えています (Light, 2009)。しかしながら,構成主義の立場からボールゲーム以外にも,表現運動や器械運動,体つくりの運動や水泳に関する研究や論文 (Chen, 2001; Rovegno, 1998; Light & Wallian, 2008) が発表されているにもかかわらず,技術指導に注目してこの主張を広めていくことには,ほとんど目が向けられていません。それは,ライトとウォリアン (Light & Wallian, 2008) が主張するように,技術指導が,一般的には,構成主義的な指導法とは異なる印象を与えるからと考えられます。また,伝統的に,技術指導の特徴は,設定された場面における運動において技術をまねて獲得していくことを学習者に強いると考えるからであると思われます。実際に,このような技術指導の考え方を偏重する状況が,ゲームを重視する指導法においても,技術と戦術の関係に誤解を招き,悪影響を与え続けているように思われます。

　Game Sense (シンガポールにおいて文部省によって制定されたGames Concept

Approach（GCA）などのTGfUと同様のアプローチ）は，ボールゲームのみならず，あらゆる運動の指導に用いることができますが，ゲームを通した学習に焦点化されることが多いのが現状です。しかし，水泳や陸上運動のように技術が特に重視される運動領域においても，このような構成主義的な指導は重要となります。もちろん水泳や陸上運動のような運動領域ではボール運動のように対戦をするゲームは行われません。しかし，このような運動領域においても構成主義的な視点に立った指導をGame Senseが可能にさせます。

そこで，本稿では，技術指導中心と考えられてきた運動領域で，どのように構成主義的な視点に立った指導を行うかについて陸上運動を例に詳しく説明していきます。説明にあたっては，*Complex Learning Theory*という学習論を適用し，Game Senseが導入された水泳の実践における先行研究（Light & Wallian, 2008）で明らかにされたことを検討しながら，授業実践上，教師が見過ごしてしまっている重要な視点について導きます。

(2) Complex Learning Theoryとは？

*Complex Learning Theory*は構成主義的な学習観のひとつです。*Complex Learning Theory*は，体育科教育学における理論的な研究で注目され，しだいに体育授業実践に応用されるようになりました。次にあげる3点が*Complex Learning Theory*（Davis & Sumara, 2003）の考えです。

1. 学習を「その場そのときの社会に適応していく過程の中でなされるものである」ととらえる。したがって，意味付与され，場に参加していく過程の変化を学習であると考える。
2. 学習のプロセスは，すべての学習者が一体となり，かかわり合うことによって生成される。つまり，一人ひとりの学びが，集団の学びとなり，深められるような学習者の相互作用が重要である。
3. 学習とは特定の知識を獲得することではなく，学習者が新しい知識を構成し，理解していく過程であるととらえる。

*Complex Learning Theory*の考えは構成主義の理念にすべて当てはまります（Davis & Sumara, 2003）。そのため，これらの考えをもとに指導を考えることで，構成主義的な学習観への理解が深まっていくでしょう。そして，技術の教え込みではなく，運動とのかかわりの中で学びが深まる授業づくりに役立つと考えられます。

（3）Game Senseにおける技術指導

陸上運動における技術指導において，Game Senseを基本的なアプローチとした場合，その最も基本的な段階は，教師たちが，子どもが安心して快適に感じる体育の学習の場を設定し，適切な支援環境を提供することです。教師は子どもたちの身体的な学習環境のデザインとしてテストを設定することが一般的です。しかし，テストをクラス全員の前で行うといったことは，必ずしも子どもにとって有益ではない環境となっていることが少なくありません。デューイ（Dewey, 1916/97）は，環境と子どもの相互作用は，教師の直接指導から生じるのではなく，学びの出現と共にあると主張しています。つまり，これは身体活動をする上で，学習集団の中に生じるあらゆる問題を解決していくアプローチのことを指します。このアプローチで行われる身体活動には，運動する上で生じる問題解決に取り組むこと，運動を通して必要な知識を発見していくこと，問題を解決するために相互に話し合うことなどがあり，ライトとウォリアン（Light & Wallian, 2008）が提案した構成主義的な視点によるテストや評価がなされます。すなわち，活動としての身体経験と言葉で表現される認識との間に，不分離な関係があります（Light & Fawns, 2003）。本稿で提示する案は，問題解決学習（Mosston & Ashworth, 1986）より，発見学習形式を採用する傾向にありますが，その特徴は，学習における*Complex Learning Theory*によりよく適合します。それゆえ，このアプローチでは，心と体が一体となり，経験されていくといえます。

(4) 陸上運動におけるアプローチ

　陸上運動は，技能の向上が重視され，教師の直接指導が多く，「どのように」指導するかという方法論に目が向けられがちです。しかし，「どのように」ではなく，「なぜ」という視点から陸上運動における身体の動きをとらえることによって，走るなどの基本的な技術指導をすることもできます。

　このような視点で指導をするとき，例えば高校生であれば，実際に動きながら，バイオメカニクスの理論と関連づけて，「なぜ」我々が走ることができるのかについて考えながら，走るという技術を指導することが可能です。しかし，小学生にはこのような理論を理解することは難しいため，よりわかりやすく指導する必要があります。

　小学生は学習を自己評価することが可能であると考えられます。しかし，技術は活動の中で無意識に獲得されていくものです。動いていたらいつの間にかできてしまったという子どもをよく目にすることはないでしょうか。まさに，その子どもは運動とのかかわりを深めていくうちに，無意識のうちに動きを獲得していったのです。

　例えば，短距離走のときの腕の動きの重要性を理解するためのアクティビティについて取り上げます。このアクティビティでは，まず子どもに腕を使わずに走らせます。例えば，ポケットに手を入れて走る，背面で手を組んで走る，手でボールを持ちながら走る，などがあります。このようなアクティビティで，子どもたちは腕ふりをしないと思うように走ることができないということを感じることができます。そして教師は，この経験から感じた疑問について子どもたちが話し合うことができるように「ふつうに走るときと比べて，どのように感じた？」「なぜ腕ふりをしないとうまく走ることができないと思うの？」など問いかけます。次に，極端に大きな腕ふりや小さな腕ふりをさせます。そして，これらの腕ふりが，なぜスムーズな走りにつながらないのかを子どもに問いかけます。その後，子どもに自分が走りやすいと思う腕ふりをさせると，多くの子どもたちは適度な振り幅の腕ふりをするようになっていくのです。

このような学習過程では，子どもは知的理解と身体的理解が一体となり，走るためには腕ふりが必要であることを感じながら，効率のよい腕ふりの方法を自分自身で模索し，学んでいくことができます。
　また，ソフトボール投げや砲丸投げなど投げる技術を指導するときは，さまざまなものを投げたり，子ども同士で感じたりしたことを話し合う機会を経験させることが重要です。このアクティビティでは，少人数グループに分け，より遠くに投げるためには，どのような角度と速度で投げるかを話し合わせます。そして教師は，投げるときの四つの基本動作を子どもたちが「発見」できるような問いかけをします。四つの基本動作とは，１）上半身の動きを生かした下半身の大きな回転，２）後方から前方への体重移動，３）関節を曲げた状態から伸ばす動作，４）低い位置から高い位置へボールを投げる動作，であります。
　さらに，投げる動きの指導におけるアプローチと同じように，跳ぶ動きにおいても四つの基本動作に焦点を当てたアプローチがなされます。跳ぶ動きの基本動作とは，１）助走，２）踏み切り，３）跳躍，４）着地です。このアクティビティでは，子どもは走り幅跳びや走り高跳びをするとき，なぜ助走を速くすることと踏み切り角度をできるだけ小さくすることが有効なのかを理解することができます。ここでは，直接指導がなされることもありますが，教師は子どもが走ること，投げること，跳ぶことの原則を包括的に理解することを重視する必要があります。ここで指導される基本動作は，子どもが教師によって与えられた情報を解釈し，自分自身で学びを深めていくための基礎として重要です。リンク（Rink, 2001）は，教師が，学習内容について知識だけでなく，常に「なぜ」と問いかける視点をもち，物事の背景まで理解する必要があると主張しています。これは学習者である子どもにとっても同じことがいえるのです。
　ところで，４×100ｍリレーのバトンパスは，20ｍ以内でバトンを渡し終えなければならないバトンゾーンがありますが，その範囲をどのように生かすかは走者の走力によってさまざまなパターンがあります。例えば，速い走者はより長い距離を走るようにするために，バトンゾーンに入ってすぐバトンを受け，次のバトンゾーンではぎりぎりで次の走者にバトンを渡すことが有効です。こ

のような戦術を理解させるためには，バトンゾーンを使って，どのようにバトンパスをすることが有効かを子どもたちが発見できるようにする必要があります（Mosston & Ashworth, 1986）。この「指導法」では，子どもが学習していく中で生じる問題の解決を予測できるように，教師が導き，支援することが必要となります。そこで，このような*Complex learning theory*の視点からの技術指導について，オーストラリアのシドニーの小学校のリレーを取り上げた授業の事例を紹介したいと思います。

　この事例では，はじめに，バトンをできるだけ速く，リズムよく渡せるようにすることを学びます。次に，バトンゾーンに4人全員が集まり活動します。ここで，子どもたちは，バトンゾーンのどこでバトンを渡すのが有効かを話し合います。そして，まず2人がバトンパスの練習を始めます。他の2人の子どもは，走ってくる走者のスピード，バトンをもらう走者が走りだす位置，もらうときの手の位置，バトンをつかむ位置などをチェックします。バトンパスの練習が終わると，教師はバトンをもらった走者に，バトンを受け取ったときにどんな感じがしたか，バトンパスは成功したかどうかを問いかけます。次に，バトンを渡した走者に，バトンを渡したときどんな感じがしたか，より効率よくバトンを渡すためにバトンをもらう走者が工夫できることが何かあるかを問いかけます。この話し合いは，観察していた2人も含めて行い，観察して感じたことや考えたことを発言してもらいます。このように，互いにサポートし，チームとして協力する環境を整えることで，子どもの学びは深まっていきます。話し合いによって，改善すべきことがわかったら，もう一度練習を行います。このような活動をすべてのバトンゾーンで繰り返し，チーム全員で，より効率のよいバトンパスをするための方法について理解を深め，技術を身に付けていきます。また，教師は子どもたち自身で問題を解決できるようにするために，教師の介入をだんだんと減らしていく必要があります。

　このように，この事例での学習過程は次の五つの要素があります。
1）チームの子どもと教師の相互作用
2）バトンパス練習での振り返りと改善点の発見

3）チーム内の協力と"話し合い"
4）"チームとしての"解決策や修正点の構築が問われること
5）"重要なアイデア（big ideas）"の開発（Fosnot, 1996）

　この事例で，子どもたちは最終的には自分自身で学習していく術を身に付け，学習する集団として自分たちをとらえることができるようになっていきました。パフォーマンスについて子どもたちだけで話し合うような学習活動がなされ，子どもが学習者として成長していくと，教師に頼ることなく，よりよい解決方法を導き出すことができるようになっていきます。ここで紹介した小学校以外のリレーの授業においても，このような指導が行われましたが，同じような成果を上げることができています。

　なお，ここで紹介したアプローチは，モストンとアシュワース（Mosston & Ashworth, 1986）が提案した相互学習における学習過程の一部分であると考えられるでしょう。

(5) まとめ

　本稿で提案した陸上運動の実践では，発見学習をベースに，子どもが陸上運動の動きを理解するために必要な基本的な技術指導を行っています。このように，技術指導を中心とすることは，構成主義的なアプローチであるとは言いがたいかもしれません。しかし，このアプローチでは，学習者は相互に協力し，対話を大切にしながら，一体となって問題解決のために話し合いを重ね，活動していくことが重視されており，これは構成主義的な指導であるGame Senseによる指導に通じます。このような指導がなされることで，社会的で協同的な学習過程が実現し，子どもは今ある自分の能力と「正確な」技術をかかわり合いの中で感じ，気づきを深めていくことができます。

　このアプローチは，TGfUにおける学習理論（Light & Fawns, 2003）で論じられているような，意識レベルまで学習を深めていく社会的環境の中における対話と子どもたちの経験との相互作用（Dewey, 1916／97）によって成り立っていきます。このようなアプローチがなされることで，子どもたちは無意識に，走

る,跳ぶ,投げるときに技能を自分の動きに適応していきます。つまり,状況の中で学んだ知識が子どもたちの中にはぐくまれていくのです。ライトとファウンズ (Light & Fawns, 2003) が主張するように,身体的な学びとは,実際にあらわれた動きと心の中での気づきの相互作用によって深められていきます。

*Complex learning theory*の視点に立った陸上運動の指導は,教師の発問,子どもが今ある力で経験したことから学んでいくこと,そして子ども自身が自分を評価することが柱となります。このような学習過程では,子どもたちは自分自身で学ぶことができるため,意味付与された技能を身に付けていきます。そして,子どもたちは,自発的に学ぶことによって技術を内化させ,運動する中で生じる問題を解決していくことができるようになります。そして,教師は子どもたちが自分たちの動きに対して「なぜ」「どのように」と常に考えることができるような問いかけをすることで,子どもたちの身体的な学びが深まります。

以上のような視点で指導をすることで,構成主義的なアプローチにおいても,子どもたちは技術を身に付けていくことができるといえます。

(リチャード・ライト (Richard Light);田島香織・鈴木直樹 訳)

〈参考文献〉

Chen, W. (2001) Description of an expert teacher's constructivist-oriented teaching: Engaging students' critical thinking in learning creative dance. *Research Quarterly for Exercise & Sport*, 72 (4), 366-375

Davis, B. & Sumara, D. (2003) Why aren't they getting this? Working through the regressive myths of constructivist pedagogy. *Teaching Education* 14 (2), 123-140

Dewey, J. (1916/97) *Democracy in education*. New York: Free Press.

Fosnot, C. T. (1996) Constructivism: A psychological theory of learning. In, C. T. Fosnot (Ed.), *Constructivism: Theory, perspectives and practice*. New York & London: Teachers College, Columbia University.

Kirk, D. & Macdonald, D. (1998) Situated learning in Physical Education. *Journal of Teaching in Physical Education*, 17, 376-387

Light, R. (2008) Complex learning theory in physical education: An examination of its epistemology and assumptions about how we learn. *Journal of Teaching in Physical Education*, 27, 21-37

Light, R. & Fawns, R. (2003) Knowing the game: Integrating speech and action through TGfU. *Quest*, 55 (2), 161-176

Light, R. & Wallian, N. (2008) A constructivist approach to teaching swimming. *Quest*, 60 (3),

Mosston, M. & Ashworth, S.(1986)*Teaching Physical Education*(3rd Ed.). Columbus：Merrill.
Priest, S.(2003)*Merleau-Ponty*. London & New York：Routledge
Rink, J.(2001)Investigating the assumptions of pedagogy. *Journal of Teaching in Physical Education*, 20, 112-128
Rovegno, I.(1998)The development of in-service teachers' knowledge of a constructivist approach to physical education：Teaching beyond activities. *Research Quarterly for Exercise and Sport*, 69(2), 147-62

ちょっと一息

陸上大会と体育授業の関係

　走る，跳ぶ，投げるといった身体能力の向上を目的とした多くの"陸上大会"が，さまざまな取り組み方で全国的に行われています。インターネットで検索すると，県予選を伴う全国大会や市区町村の陸上競技大会の小学生の部，学校行事として地域のいくつかの小学校が集まり記録を競い合う大会などがあるようです。それぞれの大会への子どもたちの参加の仕方もさまざまで，陸上競技のクラブチームや学校の部活動に所属しながら日々大会を目指して練習に取り組んだり，学校の授業としてクラスや学年全員で大会に向けた練習を行ったりしているようです。子どもたちに豊かな運動の機会と場が保障されたり，その経験によって運動を好きになる子どもが増えたりすることを考えると，大会という取り組みには大きな意義があると思われます。

　しかしここで考えなければならないのは，「いかに大会に向けて取り組んでいくのか」ということでしょう。決められた動き方の定着や記録が重視されるだけの練習が繰り返されるとしたら，その意義は大きく損なわれるといえます。

　この点で，多くの子どもたちが初めて陸上運動に取り組む体育授業には大きな責任があるといえます。大会の競技規則を意識するあまり，低学年のうちから大会と同じルールでリレーを行ったり，「何秒で走れたか」「何cm跳べたか」という，結果に大きく着目した評価がなされたりしていては，すべての子どもたちの大会に対する意識を高めたり，その目的を達成したりすることが，逆に難しくなるのではないでしょうか。

　本書が提案する動きの「感じ」や「気づき」を入り口として，運動のおもしろさを自らがつくり上げていく陸上運動の授業により，大会の意義がさらに高められ，その授業が，身体能力の向上という大会の目的を果たす重要なファクターともなるような実践が期待されるところです。

（山崎大志）

4 陸上運動はこうやって観察をする

　子どもたちの動きの「感じ」や「気づき」を大切にする体育授業では，子どもの感覚的な側面（どのような動きの感じや気づきを体感しているか）を観察することが重要になります。しかし，きわめて主観的である個人の感覚を外側からは直接見ることができません。ですから，陸上運動の観察に関して，「手の振り方は……」「助走スピードは……」というように外観可能な観察項目を設定することは困難です。

　これから記述する内容は観察の仕方（どのように見るか）に重きを置いた内容であり，HOW-TO形式で得るアンサーのように，「すぐに」役立つ内容とはいえないかもしれません。しかし，「観察」という行為をあらためて考えてみることで，陸上運動の観察という限定された事象にとどまらず，広く子ども理解を進める一助になるものと思います。

(1) これまでの陸上運動の観察

　「スタート後，すぐに体が起きていないか」「腕は十分振れているか」「踏み切り直前に助走スピードが落ちていないか」「友だちと協力しているか」「記録はどれくらい伸びたか」……，これまでの陸上運動の授業場面において典型的に見られる教師の観察の実態ではないでしょうか。

　その特徴は，子どもの動作や行動という外観可能なことがらを直接の観察対象として，鋳型化・固定化された視点から授業を観察しているところにあると考えられます。もちろん体育の学習指導にあっては，子どもの運動技能の高まりを期待して，運動の技術的なつまずきや欠点を見出し，それらに対応した手立てを講じることも必要です。

　しかし，これまでの観察に見られる問題点は，体力や運動技能をはじめ，陸

上運動への興味や関心の違いという子どもたち一人ひとりの個人差や個性を捨象して，まるでロボットの運動を見るように，単なる動作だけを切り取って観察の対象としていることにあると考えます。そこでは「いま-ここ」に生きるアクチュアルな子どもの姿はほとんど勘案されることはありません。また，運動のできばえ（結果）ばかりに眼を奪われてしまい，そこに至る経過についてはあまり問題にされてこなかったように思います。

繰り返し述べてきましたが，学習とは，教師を含む学級集団が相互のかかわりを基本として展開される社会的で生成的な営みです。

陸上運動の学習においても，「いま-ここ」に生きる個性豊かな子どもたちが互いの動きの「感じ」のおもしろさを認め合い，かかわり合う中で，運動への「気づき」が生まれるものと考えます。そして，その「気づき」が運動することへのモチベーションを一層高め，運動への愛好的態度をはぐくんでいくのだと考えます。

(2) 視座と注視点

では，陸上運動においてはどのように観察を行えばよいのでしょうか。

結論からいえば，「○○を見る！」というような具体的な観察対象（冒頭の例でいえば「上体の傾き」や「腕の振り方」等の動作）を同定することは困難です。なぜなら，動作という外観可能な具体的対象ではなく，主として，動きの「感じ」や子どもの「気づき」という感覚的で内面的な営みを観察することになるからです。

ここで陸上運動の「観察」という行為について，「視点」という概念をもとに考えてみたいと思います。

いうまでもなく「観察」という行為は，観察者の感覚器としての眼球，すなわち「視点」の活動に支えられています。

上野 (1996) は，人間の日常の見るという行為について，「視点がぶれる」「視点が定まらない」という表現にみられるように，我々は対象を見るためには固定された視点（スナップショットモデル）が必要だと考える傾向が強いと指摘

しています。しかし，実際にはミクロの眼球運動レベルだけでなく，マクロのレベルにおいても視点を動かしつつ見る（流動モデル）ことで，対象をよりよく理解できるとしています。

つまり，見るということは，基本的には視点を動かしつつ見るということになります。視点を動かすことにより，そのつど見えるものは「変化」していきますが，結果的には，連続した「変化」の中から見ているものを認識することになります。逆説的ですが，見るということは，「変化」から「不変」を生成する行為であるといえます。

「視点」について佐伯 (1992) は，「どこから」見ているかという「視座」と「どこを」見ているかという注視点に分けて考えられるとしています。先の上野の記述は，「視座」に関する問題になります。

体育の観察でいえば，教師がどのような位置から対象を見るかということが「視座」にかかわる問題であり，教師が何に注目して観察するのかということが「注視点」の問題といえます。

(3) 視点の動かし方

観察対象を認識しようとする場合，視点の動かし方には，「包囲型」と「湧き出し型」の二つの動かし方があります。

「包囲型」の視点移動とは，「一つの認識対象のまわりをくまなく，すき間なく，連続的に包囲する動かし方」です。観察者自身の分身を対象へ派遣（行ってみて）して，いろいろな側面から対象を眺めてみることで観察対象をよりよく理解しようとします。

「湧き出し型」は，認識対象になりきり，「そのモノ自体の活動として次々と視点を発生させ，湧き出させる」動かし方です。対象へ派遣した自己の分身が対象そのものに「なってみる」ことにより，観察対象を理解しようとする方法です。

上野や佐伯の言説には，体育の観察のあり方を考える上で，多くの示唆が含まれていると考えます。

これからの体育授業においては，単に運動が「できる」ということが重要な

のではなく，子どもが運動の両極（できる／できない）の間(はざま)で，行きつ戻りつしながら，自己の身体感覚を通して，動く「感じ」のおもしろさを堪能し，学ぶことの意味を内面化していく過程こそが重要だと考えています。

ですから，陸上運動の観察においては，子どもが動きの「おもしろさ」をどんなふうに感じているのか，友だちとのかかわりの中で，どのような「気づき」があるのかという子どもの内面をわかろうとすることが中心になってきます。そこでの観察内容はつとめて個別的・個性的です。

先の上野や佐伯の言説を敷衍すれば，陸上運動では以下のように観察することが必要になります。

（4）陸上運動の観察と視点移動

「視座（どこから）」としての視点を動かすとは，直接的には教師の見る位置を変えることでした。

例えば，子どもたちの活動場所から少し離れた位置から全体を見渡してみることで，集団全体の陸上運動に対する意欲や技能レベルを感じるだけでなく，学習への取り組みに停滞感が感じられるグループや個人がよりわかりやすくなるでしょう。その結果，今度はそうした子どもたちへ「視点」をフォーカスすることで，より詳しい情報を得ることができるでしょう。また，教師の目線の高さを子どもの目線に合わせてみることで，それまで気づかなかった思わぬ世界が広がることもあると思います。教師には低いと感じていたハードルが子どもにとっては予想外に高く見えるということに気づくかもしれません。

このように，教師が意図的に「視座」としての視点を変化させることで，新しい発見が生まれる可能性が高まります。

意図的に視座を変えることとともに，対象をどのように観察するのかという視点移動の方法に関することも重要です。

指摘するまでもなく，陸上運動の主たる観察対象は学習者である子どもたちです。教師は観察によりさまざまな情報を得ようとします。よって，そこでの観察という行為は意図的で能動的でなければなりません。

包囲型の視点移動とは，観察事象を複数の視点から見ることといえます。

例えば，走り幅跳びの授業で観察対象とする子どもの内面を理解するために，グループの仲間との交わり方や子どもの身体の動きだけでなく，顔の表情や目の輝き，声の張りや大きさなど，子どものあらゆる側面に注目し，意図的に情報を収集することといえます。

仲間との交わりは活発であるか，脇目も振らずに運動に没頭しているか，キラキラ輝く目をしているか，張りのある自信に満ちた声であるか，等々。

自己の身体感覚を拠り所に，動きの感じにおもしろさを感じている子どもは，喜々とした表情で，繰り返し「跳ぶ」ことを試すことでしょう。仲間と話し合う声にも張りがあるでしょう。一方，おもしろさを十分に体感できない子どもは試技回数も少なく，どこか元気がないように見えるのではないでしょうか。

このように，教師は子どもをめぐるあらゆる事象に対して，意図的に視点を移動させることが必要です。

一方，湧き出し型の視点移動とは，観察事象の内側に入り込み，そのモノになりきって次々に視点を発生させることでした。

先の走り幅跳びの授業での子どもを例にとれば，走り幅跳びに取り組んでいる子どもになりきって，つまり視点を観察対象とする子ども自身の内側に置いて，いろいろと思考をめぐらせることといえます。

「踏み切った後のふわりとした感覚がおもしろいなあ」「スピードを落とさず踏み切ると高く跳べそうだ」「〇〇君に見てもらったらうまく跳ぶことができた」，あるいは積極的に取り組めない子どもを見て，「調子よく跳べないのはなぜだろう」「踏み切り足にグッと力を入れて跳ぶと，フワッと高く跳ぶ感じがしておもしろいかもしれない」のように，子どもの立場になりきって観察することといえます。

(5) 観察能力を高める

意図的な視点移動によって得た多くの観察結果は，陸上運動に取り組む子どもの内面的な世界（感じや気づき）を評価する貴重な情報となるでしょう。

一方で，観察から得た子どもの内面に関する情報が必ずしも実際の子どもの内面状態と一致するとは限りません。そうしたズレを少なくするために，子どもの授業時のつぶやきや授業後の感想などとつき合わせ，教師の視点移動から得た観察情報とのズレを吟味することも必要です。そうした積み重ねが，教師の観察能力を高めることになるとともに，子どもとのコミュニケーションの機会を増やし，より深い子ども理解へとつながるものと考えています。

　ここで，陸上運動の観察の具体的な方法を「評価の三位相」に関連づけて記すことでまとめに代えたいと思います（表5-1参照）。

表5-1　評価の三位相と観察方法例

評　価	観察の具体的な方法
「感じ」の評価	主として，「湧き出し型」の視点移動（教師の視点を子どもの内面に派遣し，子どもになりきる）によって，子どもの動きの「感じ」を探る
「気づき」の評価	主として，「包囲型」の視点移動（あらゆる子どもの側面に教師の視点を派遣し，理解する）によって，子どもの「気づき」を探る
全体の評価	「視座」としての視点移動（教師の目の位置を変える）とともに，「湧き出し型」「包囲型」の視点移動から得た情報をもとに全体の評価を行う

　なお，各位相における実際の観察では，「湧き出し型」「包囲型」および「視座」の視点移動を組み合わせて行うことになりますが，動きの「感じ」は，子どものきわめて個性的・内面的な感覚であることから，「湧き出し型」の視点移動が効果的であると考えられます。同様に，新たな「気づき」は，子どもの表情や動作などの外面的なことがらを変化させると考えられることから，「包囲型」の視点移動が有効であると考えています。

（森　博文）

〈参考文献〉
佐伯　胖（1992）『イメージ化による知識と学習』東洋館出版社，pp.205-240
宮崎清孝・上野直樹（1996）『視点』東京大学出版会，pp.35-56

5 陸上運動の集団的実践

(1) 集団実践から集団的実践へのパラダイムシフト

　体育は，身体を健康で丈夫にすることができればよいのでしょうか。体力を向上させ，運動技能を向上させればよいのでしょうか。または，社会性を育成していけばよいのでしょうか。これまでの体育授業では，いかに身体を動かしていくか，いかに効率よく運動技術を身に付けさせていくかという外的な知識や技術を新たに獲得することに力が注がれてきたように感じます。集団実践でも同様です。いかに集団を効率よく動かしていくか，いかに教師の用意した「教え合い」のレールに子どもたちを乗せるか，教師たちは試行錯誤を繰り返して，集団実践をパッケージ化しようとしてきたのではないでしょうか。

　例えば，水泳系，器械運動系，陸上運動系は，個人種目としての色合いが濃いですね。これらの運動系に対してかかわりの深まりを意図した個人種目の集団化の試みが，これまでにも行われてきました。傾向としては，「シンクロ水泳」「シンクロマット」「シンクロハードル」のように，仲間と運動を同調させて心の交流を楽しむ活動を多く目にするようになりました（松本格之祐，2005；村田正樹，2008；寺坂ら，2009）。また，ワークショップ形式の学習過程を構成することにより，個やグループ間の交流を図る実践も見られるようになりました（鈴木ら，2004；鈴木&塩澤，2006；湯口，2006；松本ら，2008；成家ら，2009）。

　「シンクロ」であれば，技能向上の楽しさだけでなく，運動そのもののもつ楽しさ（機能的特性）を基軸として運動の結果が得られる副次的な価値（身体的・社会的・心理的効果）を再認識させる必要がある（福本，2008）とされています。そのため，福本（2008）は，まずは易しい動きや構成で同調させ，すべての子どもが達成感・充実感を得られるように取り扱うべきだとして，シンクロの基礎・基本を以下のようにあげています。

> ①取り上げる動きの内容
>   すべての子どもがゆとりを持ってできる易しい動きを内容とし，動きを連続して繰り返したり，いくつかの異なる易しい動きを組み合わせたりして発展させる。連続や組み合わせの際は動きの大小，高低，遅速，集合拡散等を考慮する。
> ②構成人数
>   シンクロする仲間を2人，3人，小集団，クラス全体など少しずつ増加させる。
> ③構成方法
>   移動の方向は横，縦，斜め，四角，円からクロス，交差へと発展させる。
> ④発展段階
>   個々の子どもの得意とする動きや特徴を生かして全体を構成する。

しかし，ここで筆者が考えたいのは，子どもたちから見える運動の世界です。子どもたちから見える運動の世界や運動の意味というものをもう少し掘り下げて考えてみたいのです。「○○させる」というトップダウンの視点からでは見取ることのできない世界があると思うのです。もちろん教師が，子どもたちに何を学ばせたいかをしっかりともつことは大切です。そのために，どのような学習過程をデザインしていくかということも白紙のままでいいわけがありません。先述した「技能向上の楽しさだけでなく，運動そのもののもつ楽しさ（機能的特性）を基軸として運動の結果が得られる副次的な価値（身体的・社会的・心理的効果）を再認識させる必要がある」（福本，2008）という部分にもう一度振り返ってみることにします。

ここでは，身体を「動かす」ことではなく，「感じる」ことに焦点を当ててみたいと思います。動く主体は子どもたちの身体です。感じる主体も子どもたちの身体です。そして，身体を通して表現し，子どもたちは何らかのかかわり合いを生み出しているのです。かかわり合いの中から，さらにさまざまな心理的効果も生み出されます。つまり，運動そのもののもつ楽しさは，身体を運動の世界に投企して，子どもたちが身体まるごとで感じることなしには，ありえ

ないのではないでしょうか。運動の結果からでしか，身体的・社会的・心理的効果の価値を得られないのではなく，現在進行形でもありうることなのではないでしょうか。身体的・社会的・心理的効果の価値は，「感じる」という視点に立ったとき，運動そのもののもつ楽しさと一体となっていなければならないと思うのです。決して副次的なものではないと思うのです。動くのも感じるのも子どもたち自身なのですから。

　ワークショップ形式による授業にしても同様のことがいえます。ワークショップ形式の授業とは，授業に参加する者が，テーマ追求のプロセスにおいて，人と人とがテーマを共有する関係の中で自らの「思い」や「願い」を交流させ，運動の楽しさにふれる中から，運動する「なりたい自分」を探し続けていくといった学習（鈴木ら，2004）を指します。つまり，ここでいうワークショップとは，知識を学ぶというよりも，体・心・五感を使って，自分が感じていることを体や形に表現したり，協働で何かを生成したりする参加者主体の「体験の場」（鈴木ら，2004）なのです。ですから，ワークショップ形式の授業実践者たちは，ただ単に子どもたちの場を教師が設定してあげて，子どもたちを交流させればよいと安易に考えてきたわけではなく，子どもたちが身体を動かし，感じている「いま-ここ」の場を大切にしてきたわけです。

　遠藤（2008）は，「これまでの体育は『動くこと』に関わる能力の開発を中心にしてきたように思う。『動く』力は育ててきたが，『感じる』力を育ててこなかったように思えてならない」として，体育授業の中で，身体を「動かすこと」だけではなく，「感じること」「考えること」を大切にすることによって，自身の身体や自分自身を再発見したり，他者をリアルに感じたり，まわりの世界を鮮やかに感じられるようになることの重要性を指摘しています。このことからも，単に子どもたちを班別，課題別，能力別といったように，形式的に集団を動かすといった集団実践というよりも，「いま-ここ」の場で身体を通して感じ，楽しんでいる子どもたちが共感的に学びをひろげていくような精神的なつながりを大切にした集団的な実践が今後は重視されるべきではないでしょうか。

(2) 場づくりとマネジメント

　では，具体的にどのように集団的実践を展開していけばよいのでしょうか。その授業づくりのポイントとして，「場づくり」と「マネジメント」について考えてみたいと思います。この二つの言葉からは，まさに場を子どもたちに提供する，子どもたちを管理・統制するといったイメージをもたれ，これまでの話と相反するように感じられるのではないかと思われます。まずは，このパラダイムを転換していくことから始めたいと思います。

① 場の論理

　まず，場というものについて考えていきましょう。場とは，人々がそこに参加し，意識・無意識のうちに相互に観察し，コミュニケーションを行い，相互に理解し，相互に働きかけ合い，相互に心理的刺激をする，その状況の枠組み（伊丹，2005）として，これからはとらえていきたいのです。私たちは，陸上運動系に限らず，さまざまな領域の中で場の設定を考え，授業を展開しています。学習内容を効率よく習得させるために，どのような場が適切であるかを検討し，実践していくことと思います。ここには，教師と子どものタテの関係が浮き出ているといえます。教師が場という枠組みを子どもたちに提供し，その枠組みの中で実践しようとしているわけです。つまり，教師が用意した場という枠組みにいかに子どもたちを適合させるかということに力が注がれてきたといえるでしょう（図5-2）。しかし，教師の指定した枠組みを提供するだけでは，教師がねらった動きを子どもたちが見せないケースも多々あろうかと思います。皆さんの中でも，そのような経験をおもちの方はいらっしゃるのではないでしょうか。

　筆者が皆さんに投げかけたいのは，情況としての場（枠組み）です。運動している子どもたちは，生身の人間であり，教師の指定した枠組みの中でただ単に動いているわけではありません。子どもたちには，感覚器官があり，頭脳があり，心があります。子どもたちは皆，情報的存在でもあり，心理的存在でもあります。子どもたちは，仲間とコミュニケーションをしながら活動してい

ます。仲間と情報交換や情報共有をしています。そのため，子どもたちの間で，さまざまな相互作用が行われる場の中で状況が変化することが予想されます。しかし，この場が強固なものであると子どもたちの活動が硬直化するおそれがあります。その場合，授業の形骸化を生む結果となってしまうでしょう。子どもたちにとって，場を生きたものにするためには，子ども間のヨコの関係からの相互作用による状況の変化に柔軟に対応できるものでなければなりません。学びの状況というのは，さまざまな相互作用があって生まれてきます。その状況の変化そのものが，子どもたちにとっての意味のある場であるといってよいでしょう。教師にとって，子どもたちにとって，互いに意味のある場にしていくことが大切です（図5-3）。

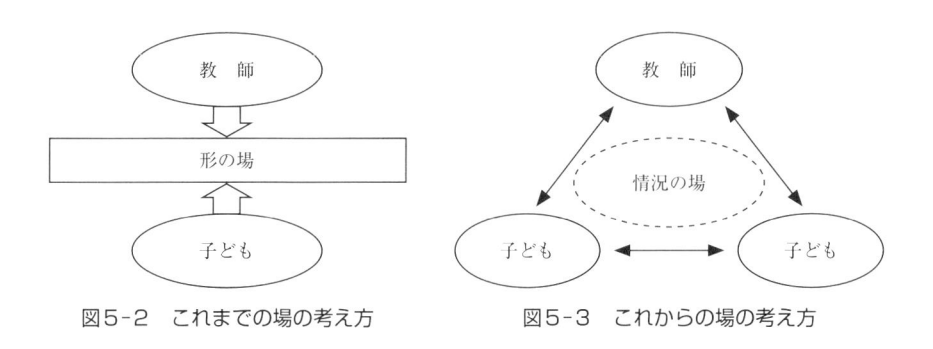

図5-2　これまでの場の考え方　　　図5-3　これからの場の考え方

　誤解を避けるために付け加えさせていただきたいのですが，ここでいう場は，子どもたちを放任する場であってはならないということです。教師と子どもとの相互作用ももちろん大切です。教師という立場からすると，子どもたちに何を学ばせたいかをしっかりともち，そのために，どのような学習過程をデザインしていくかということも白紙のままでいいわけがないと先述したところです。教師と子ども，子どもと子どもの関係が適切に相互作用しあってこそ，学びとしての場（状況の場・意味のある場）が生起されるものと考えます。そのためには，教師の役割が大変重要になってくると思うのです。その役割の一つがマネジメントです。

② 場のマネジメント

　教師の役割としては，学びとしての場（情況の場・意味のある場）を生成させることと，その場を機能させることが大切になります。「場のマネジメント」とは，「場そのものを子どもたちにとって意味のある場・価値のある場に生成させるためのマネジメント。または，そういう状況を生み出すためのマネジメント」といえるでしょう。もう一つは，「生成した場を生き生きと動かしていく（機能させていく）ために場を方向づけるマネジメント」があげられます。（場という）境界があらかじめ明確に決まっているわけではなく，また，いったん決まったら固定されてしまう性質のものではない（山下，1999）のです。子どもたちのかかわり合いにより，情況は変化・変容していきます。物理的には同じ場であっても，意識レベルでは，そのつど変化・変容していくことが考えられます。つまり，その意識レベルでの場が情況の場であるといえます。その場を，どのように教師が子どもたちと協働して，探求する方向を見出していくかということになります。

　この場のプロセスをいかに方向づけ，動かしていくかについて，伊丹（2005）は，「かじ取りの基本ステップ」として，五つのポイントを提示しています（表5-2）。

表5-2　かじ取りの基本ステップ（伊丹，2005）

	かじ取りのステップ	基本の経営行動
1	かき回す	刺激
2	切れ端を拾い上げる	刺激と方向づけ
3	道をつける	方向づけ
4	流れをつくる	束ねと方向づけ
5	留めを打つ	束ね

　この「かじ取りの基本ステップ」を体育の授業に援用すると以下のようなことがいえるのではないでしょうか。

　「かき回す」とは，それまでの秩序や均衡を壊すことです。そして，新たな秩序を生み出すきっかけをつくることです。これは，新たな単元のテーマ（子

どもたちの外側の世界）に案内することでもあると考えます。「ハードルを走り越えて，いかに速くゴールにたどり着くか」というテーマを教師が提示したとします。ハードルという障害物がなければ，素早く目的地にたどり着くことができるでしょうが，ハードルが子どもたちの前に立ちはだかっているため，思うように前に進むことはできません。子どもたちにとって「困った」情況の場に立たせてみることが，子どもたちにとって刺激となり，意識面でも「かき回される」ことになるのではないでしょうか。この新たな世界にふれることによって，子どもたちの内面にゆらぎを起こし，テーマを共有しようとする場の生成のきっかけとなります。

「切れ端を拾い上げる」ことの主な目的は，子どもたちが互いに学習のテーマの中で，やり始めるさまざまなこと（ヨコの相互作用）の中から感じ，生み出される気づきであるといってよいでしょう。この気づきが，「切れ端」という言葉で表されていると考えます。この「切れ端」をピックアップし，いかにテーマに沿った方向づけをしていくかが大切になります。実際にハードル走をしてみて，「ハードリングのタイミングがつかめなくてスピードが落ちてしまう」「バランスが崩れてスピードがのらない」などさまざまなゆらぎを子どもたちが起こす中で，「○○してみるとどうかな」という気づきから動きに移している行為をいかにピックアップしていくかということになります。同時にピックアップされた行為は，その他の子どもたちへの刺激にもなります。

次に「道をつける」というステップでは，これまできっかけでしかなかった気づきに対して，その方向をいかに具現化するかということです。この具現化がテーマに沿ったかたちで実現すると，その中から新たな気づき（切れ端）がさらに出てくることが期待されます。「スピード落とさないためにインターバルを変えてみよう」「スピードを落とさないためのハードリングで○○してみよう」など，物理的に変化をつける場合や意識して動きを変化させるような場合も考えられるでしょう。「道」は，子どもたちにその方向性が理解できて初めて意味のあるものになります。

四つめのステップとしての「流れをつくる」とは，多くの子どもたちが同時

に同じ方向へ動く状態（流れ）を指します。ここでいう流れとは画一的または形式的な流れではないことを付け加えておきます。例えば，ハードル走でテーマを追求していく中で「リズミカルに走り越える」ことに子どもたちが注目したとしましょう。しかし，子どもたちは一様ではありません。手足の長さ，身長，体重等の身体的要素によって，「リズミカルに走り越える」やり方も変わってくるでしょう。または，ハードルの高さやインターバルによっても，違った変化が見られることも予想されます。子どもによっては，3歩のインターバルのほうがリズムよく走ることができる場合やそうでない場合，または，ハードリングの際に上体を起こさないように気をつけたほうがリズミカルに走ることができるなど，個々のさまざまなアプローチの仕方が予想されます。そのような個々の子どもたちの感覚や気づきを大切しながらも，教師は「流れをつくる」と同時にその「流れ」に勢いをつけていきたいものです。

最後に，「留めを打つ」です。これは，「かき回す」ことで壊された秩序あるいは均衡から，別な秩序あるいは均衡へと移った確認動作を指します。教師は「流れをつくる」にとどまらず，その「流れ」に節目をつけていく必要があるのです。一つひとつの授業の中で子どもたちは，何を学んだのかを振り返る作業の場を設けていくことが大切です。活動しっぱなしではなく，学びのあしあと（履歴）をしっかり確認することが，次へのステップの動力源にもなります。自分の立ち位置がわからなければ，どの方向に進めばよいのかもわかりません。やみくもに進んでいってしまうことは避けなければなりません。あくまでもテーマに沿った方向性が示されているのですから，それに対しての自分の位置を確かめることが必要です。

このように，最後のステップに「留めを打つ」という振り返りがありますが，それぞれのステップにも細かい振り返りが散りばめられています。場のマネジメントで大切なのは，教師が子どもと共に「感じること」「気づくこと」を通して振り返り，次へのステップへ向かうことなのです。この「感じること」「気づくこと」から生まれる共感的な相互作用こそ集団的な実践への架け橋となるのです。

（寺坂民明）

〈参考文献〉

遠藤卓郎（2008）「『感じること』の体育的意味——ボディワークの授業から」『現代スポーツ評論 18』創文企画

福本敏雄（2008）「シンクロ運動の基礎・基本」『楽しい体育の授業』21巻10号，No.229

伊丹敬之（2005）『場の論理とマネジメント』東洋経済新報社

松本大輔・細江文利・鈴木直樹・田中勝行（2008）「ワークショップ形式の跳び箱運動における学びの解釈——質的研究法を用いて」『東京学芸大学 芸術・スポーツ科学系』 第60集

松本格之祐（2005）「関わりの深まりを意図した個人種目の集団化の試み——集団水泳の授業づくりを通して」『女子体育』第46巻，第2号

村田正樹（2008）「横→縦の流れで動きを高める」『楽しい体育の授業』21巻10号，No.229

成家篤史・鈴木直樹・寺坂民明（2009）「『感覚的アプローチ』に基づく跳び箱運動における学習の発展様相に関する研究——「動く感じ」を中核とした意味生成に着目して」『埼玉大学紀要 教育学部』第58巻第2号

鈴木直樹・細江文利・藤巻公裕・山下英里（2004）「体育における『目標にとらわれない評価』の実践可能性」『学校教育学研究論集』第10号 東京学芸大学大学院 連合学校教育学研究科

鈴木直樹・塩澤榮一（2006）「ワークショップ形式を導入した『体力を高める運動』の実践提案」『体育科教育学研究』第22巻第1号

寺坂民明・塩澤榮一・鈴木直樹（2009）「『感じる』ことを学習内容の中核としたハードル走」『埼玉大学紀要 教育学部』第58巻第2号

山下裕子（1999）「場についての試論」『一橋大学研究年報 商学研究40』

湯口雅史（2006）「体育における学習内容の検討 ワークショップ型授業モデルの提案」『東京学芸大学 課題研究』

ちょっと一息

ハードル走の指導

〈ハードル走を通して何を指導するのか？〉

　ハードル走の運動特性は，疾走とジャンプの繰り返しにあります。本来，体育科教育において学習材としてハードルを選択した目的は，この運動特性を利用して「疾走中にスピードを落とさずにジャンプし，空中でバランスを取って着地し，すぐさま走りだす」ことのできる運動能力を身に付けさせることにあると思います。一般的に行われている細かな動き（抜き足，振り上げ足，腕振り，空中での上体の倒し）の指導・矯正にも意味はあるでしょうが，この運動特性を最大限に利用した授業展開のほうがハードル走を学習材として選択した意味が明確になります。ハードル走によって得られる運動能力は，多くのスポーツ種目の基礎であり，日常生活の活動を豊かにし，危機の回避にも役立ちます。

〈速い3歩のリズムで走るハードル設定が大切〉

　そこで，提案です。ハードル間の距離をだれもが楽に3歩のリズムで走ることができるように短すぎるくらいに設定し，速い3歩のピッチで高くハードルを越えるように指導します。3歩で走るようにハードル間を設定すると，自然とよい踏み切りを引き出す跳躍リズム（踏み切り前の3歩のリズムが大切）ができるため，すべてのハードルがリズミカルな連続性をもつようになります。すると，比較的高いハードルでも気持ちよく跳び越すことができます。5歩のリズムでは次のハードルまでにリセットする時間・空間的な間隔ができてしまい，全体の流れが断片的になります。

　無理にストライドを大きくして3歩で走らせることは，児童生徒にハードル上に落下する恐怖を与えるとともに，事故の原因ともなります。

〈細かな動きの指導はやめて元気に跳ばそう〉

　多くの選手は体育科教育の一般的指導とは違う感覚をもっています。選手にはハードルをまたぐように越える感覚はなく，抜き足は体幹に平行に引いてくる感覚をもっています。抜き足は，上体が前へ倒れる（地面に平行になるくらい）ので結果的に地面と平行になるのです。児童生徒には，抜き足を体幹に平行になるように自然に引かせ（縦抜き），「元気に走って元気に跳び上がり，降りたらすぐに元気に走る」ようにさせるのです。つまり，思いきり大胆に"ガーッ"とハードル走をさせたらいいのです。

(伊藤　章)

6　陸上運動における学びの質を深めるための授業デザイン

　ここでは陸上運動における学びの質を深めるための授業デザインの行い方と八つの授業デザイン例について提示してみたいと思います。

　図5-4は授業デザインの行い方を示したものであり，二つの視点を大切にしています。この二つの視点とは，単元レベルにおける「何か（概念）・何を（目的）」と「どのように（方法）」に対応しています。第一の「学びの内容」は，どのようなまとまりで「運動と身体の経験」を主題化するかという「内容構成」の視点であり，第二の「学びの展開」は，どのような課題で，どのような性格の学びにするかを考える「展開構成」の視点です。この二つの視点に基づいた授業デザインの手順について述べてみたいと思います。

　まず，「学びの内容」では，三つの手順を踏むことが重要となります。第一に，「運動の中心的なおもしろさ（文化的な価値）」を設定することです。これは取り上げようとする運動のAuthentic（真正な・本物の）なおもしろさを調べ，主題（テーマ）の内容を設定することです。例えば，「リレーとは何か」について歴史的・文化的な観点からひもとき，「リレーの何がおもしろいか」を明確にすることです。一般的にリレー（relay）とは，「中継。受け継いで次に送り伝えること」ですので，「バトンを引き継ぐこと」と解釈してしまいがちです。しかし，冷静に考えてみれば「バトンを引き継ぐこと」自体にはおもしろさはなく，単なる物体の受け渡しが行われているにすぎません。リレーの本当のおもしろさとは，「バトンを引き継ぐこと」の背後に隠された意味にあります。それは「前走者のスピード（速さ）を引き継ぐこと」であり，「チーム全体の速さを競うこと」にあるといえます。第二に，「身体の経験」の設定をすることです。これは「客体としての身体（脱意志）―主体としての身体（意志）」の観点から，「自己（身体）」の内容を位置づけることです。「短距離走・リレー」ならば，「思わず走り出してしまう身体」と「自らの意志で走る身体」を往還

させる営みで、このような身体技法が学びの内容となります。そして、第三の「対話の対象」の設定は、「自己（身体）」が何に働きかけられて動き出すのかを検討し、「他者」と「モノ」の内容を設定することです。「短距離走・リレー」における「他者」とは「仲間のスピード」や「相手チームのスピード」として、「モノ」とは「タイム」や「順位」として位置づけることができます。

一方、「学びの展開」は原則的に二つの課題を設定することが重要となります。第一の課題は「共有の学び」として位置づけることです。これは基礎的事項を共有する学びであり、「運動の中心的なおもしろさ」を仲間と共有する営みです。第二の課題は、「ジャンプの学び」として位置づけることです。これは少し難しい課題に挑戦することを通して、「運動の中心的なおもしろさ」を仲間と共により深く探究する学びです。具体的には、次ページ以降に示す八つの授業デザインをもとに、学びの内容とあわせてイメージを膨らませてもらえればと思います。

スピードリレー（短距離走・リレー）

運動名（学習指導要領の内容など）

デザイン例1
授業デザイン例・番号

■スピードリレーの世界
☞ 「バトンをつなぐこと」から、「前走者のスピード（速さ）をつなぐこと」へ

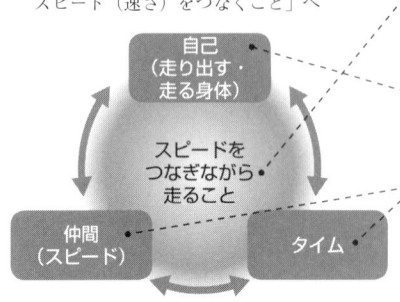

自己（走り出す・走る身体）
仲間（スピード）
タイム

スピードをつなぎながら走ること

Ⅰ 学びの内容（何か、何を）

① 「運動の中心的なおもしろさ（文化的な価値）」の設定
　取り上げようとする運動のAuthentic（真正な・本物の）なおもしろさを研究し、主題（テーマ）の内容を設定する。
② 「身体の経験」の設定
　「客体としての身体（脱意志）―主体としての身体（意志）」の観点から、「自己（身体）」の内容を設定する。
③ 「対話の対象」の設定
　「自己（身体）」が何に働きかけられて動き出すのかを研究し、「他者」と「モノ」の内容を設定する。

Ⅱ 学びの展開（どのように）

【課題①／共有の学び】……基礎的事項を共有する学び。「運動の中心的なおもしろさ」を仲間と共有する。
【課題②／ジャンプの学び】……少し難しい課題に挑戦する学び。「運動の中心的なおもしろさ」を仲間と探究する。

運動の行い方・進め方など
①ペアそれぞれの10mのタイムを計測し、合計タイム（20mのタイム）を算出する。
②8〜12m地点をテイクオーバーゾーン（バトンパス＝手タッチ）として設定する。

図5-4　授業デザインの行い方

第5章 授業づくりのポイント

スピードリレー
（短距離走・リレー）

■スピードリレーの世界
☞「バトンをつなぐこと」から，「前走者のスピード（速さ）をつなぐこと」へ

```
        自己
    （走り出す・
     走る身体）
         ↕
      スピードを
     つなぎながら
      走ること
      ↙      ↘
   仲間        タイム
  （スピード）
```

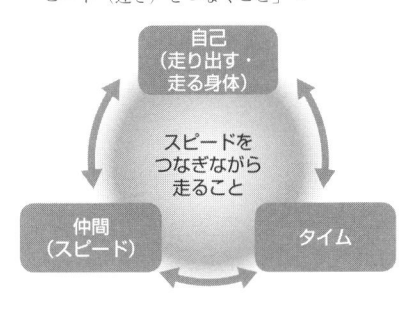

①ペアそれぞれの10mのタイムを計測し，合計タイム（20mのタイム）を算出する。
②8〜12m地点をテイクオーバーゾーン（バトンパス＝手タッチ）として設定する。
＊距離・人数は，随時変更可。

デザイン例1

【課題①／共有の学び】……ペアの合計タイムを縮めることができるかな。
【課題②／ジャンプの学び】……走る順番を変えたり，走る仲間を変えても，ペアの合計タイムを縮めることができるかな。

スピードリレー
（短距離走・リレー）

■スピードレースの世界
☞デザイン例1（「バトンをつなぐこと」から，「前走者のスピード（速さ）をつなぐこと」へ）の発展

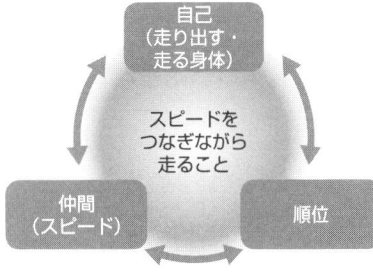

```
        自己
    （走り出す・
     走る身体）
         ↕
      スピードを
     つなぎながら
      走ること
      ↙      ↘
   仲間        順位
  （スピード）
```

①ペアで走る距離は20mとし，8〜12m地点をテイクオーバーゾーン（バトンパス＝手タッチ）として設定する。
②3ペア程度で競走する。
＊距離・人数は，随時変更可。

デザイン例2

【課題①／共有の学び】……ペアでスピードをつなぎながら走り，相手チームに勝つことができるかな。
【課題②／ジャンプの学び】……走る順番を変えたり，走る仲間を変えても，相手チームに勝つことができるかな。

長なわリズム走
（ハードル走）

■長なわリズム走の世界
☞ 「障害物を跳び越しながら走ること」から，「一定のリズムに合わせて走り越えること」へ

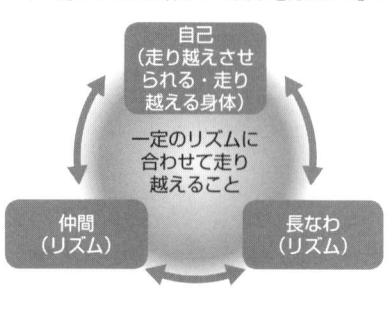

```
       自己
   （走り越えさせ
    られる・走り
    越える身体）
   一定のリズムに
   合わせて走り
    越えること
  仲間         長なわ
 （リズム）     （リズム）
```

①2人1組の長なわの回し手が，等間隔で3組以上並ぶ。
②長なわは，迎えなわで一定の速度で全組がそろえて回す。
＊間隔・速度・組数は，随時変更可。

デザイン例3

【課題①／共有の学び】……長なわのリズムに合わせて（止まらずに，途切れずに）走り越えることができるかな。
【課題②／ジャンプの学び】……ペアで手をつなぎ（課題③はペアで手をつながなくても），長なわのリズムに合わせて走り越えることができるかな。

段ボールリズム走
（ハードル走）

■段ボールリズム走の世界
☞ 「障害物を跳び越しながら走ること」から，「一定のリズムを保ちながら走り越えること」へ

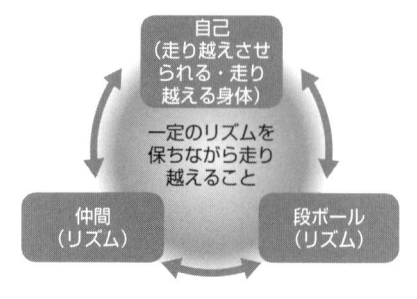

```
       自己
   （走り越えさせ
    られる・走り
    越える身体）
   一定のリズムを
   保ちながら走り
    越えること
  仲間         段ボール
 （リズム）     （リズム）
```

①段ボールは，等間隔に置く。
②段ボールの高さは，一定の高さにそろえておく。
＊間隔・高さは，随時変更可。

デザイン例4

【課題①／共有の学び】……一定のリズム（3歩・5歩）を保ちながら走り越えることができるかな。
【課題②／ジャンプの学び】……ペアで手をつなぎ（課題③はペアで手をつながなくても），一定のリズム（3歩・5歩）を保ちながら走り越えることができるかな。

第5章 授業づくりのポイント

段ボール跳び越し（幅跳び・高跳び）

■段ボール跳び越しの世界

☞「"跳んだ幅"（結果）や"跳んだ高さ"（結果）を計測すること」から，「幅や高さを跳び越すこと」へ

```
       自己
    （跳ばされる・
     跳ぶ身体）
         ↕
    幅や高さを
    跳び越すこと
    ↙         ↘
 ロイター板    段ボール
```

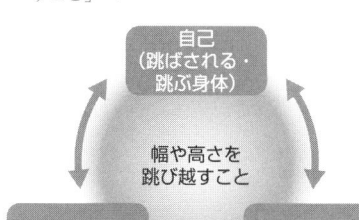

①幅跳びの場合は段ボールを縦（前）に並べ，高跳びの場合は段ボールを積み上げていく。
②ロイター板は，1台バージョンと2台重ねバージョンで行う。
＊段ボール数は，随時変更可。

（デザイン例5）

【課題①／共有の学び】……段ボールをいくつ跳び越すことができるかな。
【課題②／ジャンプの学び】……ロイター板を使って，段ボールをいくつ跳び越すことができるかな。

＊写真は，『かわらだ体育』（四日市市立河原田小学校編・岡野昇監修，2006年）より引用。

ロイター板走り高跳び（走り高跳び）

■ロイター板走り高跳びの世界

☞デザイン例5（「"跳んだ幅"（結果）や"跳んだ高さ"（結果）を計測すること」から，「幅や高さを跳び越すこと」へ）の発展

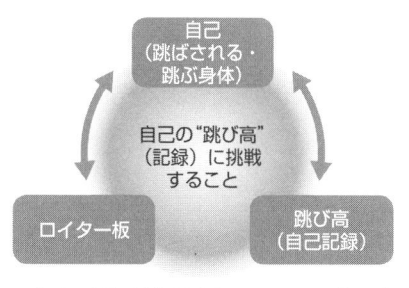

```
       自己
    （跳ばされる・
     跳ぶ身体）
         ↕
    自己の"跳び高"
    （記録）に挑戦
      すること
    ↙         ↘
 ロイター板    跳び高
            （自己記録）
```

＊自己の"跳び高"（記録）は，ロイター板1台バージョンと2台重ねバージョンで計測する。
＊ロイター板走り幅跳び（走り幅跳び）の場合も，同じように授業をデザインすることが可能である。

（デザイン例6）

【課題①／共有の学び】……ロイター板を使って，どれだけ自分の"跳び高"（記録）を伸ばすことができるかな。
【課題②／ジャンプの学び】……ロイター板を使わないで，自分の"跳び高"（記録）にどれだけ近づくことができるかな。

＊写真は，『かわらだ体育』（四日市市立河原田小学校編・岡野昇監修，2006年）より引用。

173

スタート遊び
（走の運動遊び）

■スタート遊びの世界

☞「スタートの仕方の練習」から，「スタートの合図で走り出すこと」へ

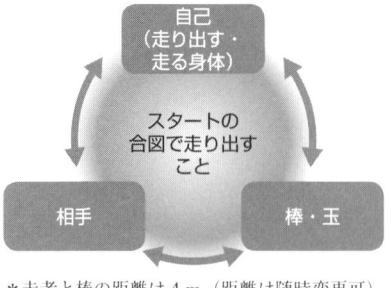

```
     自己
  （走り出す・
   走る身体）
      ↕
  スタートの
  合図で走り出す
      こと
    ↙    ↘
  相手    棒・玉
```

＊走者と棒の距離は4m（距離は随時変更可）。相手はスタートの合図でまっすぐに立てた棒を放し，走者はそれを取る。［写真上］
＊背中合わせに自然体で立ち，中央に玉を置き，目を閉じる。スタートの合図で目を開き，玉を取る。［写真下］

デザイン例7

「棒っとしてられない」（写真上）

「とっさのできごと」（写真下）

【課題①／共有の学び】……相手から棒・玉を取ることができるかな。
【課題②／ジャンプの学び】……相手を変えたり，棒・玉までの距離を変えても，棒・玉を取ることができるかな。

折り返し走遊び
（走の運動遊び）

■折り返し走遊びの世界

☞「全力疾走」から「緩急走」へ

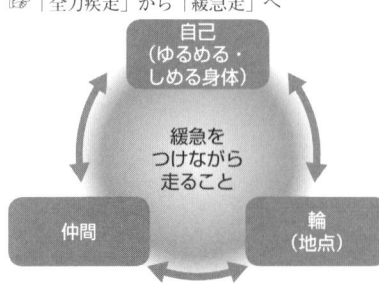

```
     自己
  （ゆるめる・
   しめる身体）
      ↕
  緩急を
  つけながら
  走ること
    ↙    ↘
  仲間    輪
        （地点）
```

デザイン例8

「玉置き競走」（写真上）

「団結リレー」（写真下）

【課題①／共有の学び】……チームで制限時間内に何点取ることができるかな（［写真上］）。チームのタイムを計測しよう（［写真下］）。
【課題②／ジャンプの学び】……走る順番を変えても，たくさん得点を取ったり，チームのタイムを縮めることができるかな。

［写真上］〇数字は得点地点。走者は玉を1つ持ち，自分で決めた得点地点に玉を置く。素早く折り返しスタート地点まで戻り，次走者に手タッチ。制限時間内で得点数を競う。

走者／スタート
●●｜　①②③④⑤⑥⑦⑧

［写真下］〇数字は走る順番。第1走者は第2走者の地点まで走り，素早く折り返しながら手をつなぐ。第3走者以降は間に入れて手をつなぐ。スタートからゴールまでのタイムを競う。

ゴール　　　スタート
　｜　　⑦⑤③①②④⑥⑧

（岡野　昇）

7 陸上運動の特性を問い直す

(1) 子どもと運動の関係を問い直し，授業改善を図る

　ジョギング愛好者や市民ランナーは増加の一途です。運動不足やストレスの解消等，走り始めたきっかけはいろいろありますが，走るということを何かの手段として始めたことが「好き・楽しいから走る」という目的になり，やがてマラソン大会に出場して順位や距離，タイムに挑戦する人も増えていると聞きます。ランニングやジョギングとは，学校体育でいうところの長距離走やマラソン，持久走です。このたぐいは，常に子どもに不人気な運動でしょう。大人と子どもの違いはあるにせよ，典型的な「運動好きの体育嫌い」の姿ではないでしょうか。

　運動の特性をどうとらえ，何を中核に据えるかによって，授業は大きく異なります。よって，運動の特性を問い直すことは，子どもと運動の関係を問い直し，授業改善を図ることです。ジョギング愛好者や市民ランナーの姿から，陸上運動の特性を問い直し，授業を改善していく方向が見えてきます。

(2) 運動の楽しさと動きのおもしろさ

　一般的に，運動の特性は，次の三つとされています。
- 効果的特性＝体力
- 構造的特性＝運動の技能・ルール・知識
- 機能的特性＝運動の楽しさ

　かなり昔，効果的特性（体力）や構造的特性（運動の技能・ルール・知識）に重点を当てた時代もありました。これらは部活動の練習のようなトレーニング中心の授業です。昭和50年代に入り，運動を何かの手段として学ばせるのではなく，運動それ自体を目的として位置づけるようになりました。そして，運

動が本来備えている意味や価値にふれさせることに教育的意義を認め，機能的特性（運動の楽しさ）を学習の中核に据えるようになりました。学習指導要領の改訂も，平成元年，平成10年，平成20年と同様の方向で続きました。

新学習指導要領体育科の目標は，これまでと大きな変わりはありません。「運動の楽しさ」と「技能・知識」と「体力」，この三つをより一層バランスよく指導することが求められています。

ただし，いわゆる「楽しい体育」における「活動あって学びなし」といった批判と子どもの体力低下を受け，技能や体力の向上，特に知識・技能に焦点が置かれつつあります。これは，新学習指導要領における，「知識基盤社会」を支える「習得・活用・探究」という学習サイクルの重視が根底にあり，体育においても同様であると考えられているからです。よって，単に昔の技能主義，体力主義に戻ることを意味するのではありません。むしろ，改訂の主旨にある「運動の楽しさと魅力」のように，運動を成り立たせている特有の世界における「動きのおもしろさ」に着目し，積極的に意味づけていこうとするものです（細江他編，2009）。

(3) めあて学習における課題

これまでも，競争や達成の手段として，例えば相手や相手チームに勝つためにはどうするか，目標の記録に届くためにはどうするかを考え，練習する場を用意してきました。動き（技能）への着眼です。これは「めあて学習」における「思考・判断」の内容でもあります。ところが，あまりに運動の特性を「上手になること，できるようになること，競争に勝つこと，記録を伸ばすことが楽しい」と狭めてとらえ，「そのためにどうすればよいのか工夫する」という，運動と目的合理的なかかわりを求めすぎました。そのため，運動に没頭していない子どもや行為の結果のみを問題にする子どもの存在を感じることがありました。動き（技能）は手段でしかなく，そこに「おもしろさ」といった見方は欠落していたのではないでしょうか。

楽しみ方を選択する走り高跳び（6年生：陸上運動）

　数年前になるのですが，走り高跳びにおいて，全員に同じ楽しみ方をさせるのではなく，楽しみ方（競争か達成）を選択できる機会を設定しました（石黒，1998）。さらには，競争か達成の楽しみ方を選択した中でも，目標の設定や競争の仕方について，選択したり話し合って決めたりできるバリエーションを考えました。具体的には，個人差に応じた目標を設定するた

〈ねらい1〉
　自分の目標記録や高さ（最高記録）に挑戦して楽しむ。（1時間）

〈ねらい2〉
　最高得点の合計で競う班対抗戦を楽しむ。（1時間）

〈ねらい3〉
　楽しみ方を選択して楽しむ。（3時間）
・競争の仕方を工夫して楽しむ。
・自分の目標記録や高さ（最高記録）に挑戦して楽しむ。

めに，50m走タイムと身長から目標記録を算出するノモグラムを活用しました。また，手作りの簡易セットにより6～8ピットの場を設定しました。

　選択の人数比は，競争と達成で約1：3でした。競争の楽しみ方を選択した子どもは二つのグループに分かれました。一つは技能的にそれほど高くない6～8人の男子で，ふだんからよく遊んでいる仲間です。勝ち負けの決め方，ハンディの付け方等，ルールをいろいろ工夫しながら「ミニ競技会」を行っていました。競争ではあるものの，仲間とのかかわりを楽しんでいるようでした。もう一つのグループは，技能的に高い2人の男子。1対1による勝負をしつつ，自分の最高記録にも挑戦していました。競争しつつ，達成の楽しさを志向していたととらえることができます。

　達成の楽しみ方を選択した子どもは，教師のアドバイスや練習の場，資料を活用し，多くの子どもが自己記録を更新することができました。

　学習後のアンケートでは，8割を超す子どもが「楽しかった」と答えていました。学習前に比べ，子どもたちに著しい変容が見られました。技能的にも，はさみ跳びの技術を身に付けつつ，競争と達成の楽しさを追求することができました。楽しみ方の選択が自発的な学習を生み，簡易ピットによる場の設定と，

楽しみ方に応じた支援によるものが大きいと考えます。

　特筆すべきは、ロイター板を使って跳躍する子どもが多くいたことです。抜き足や空中姿勢の練習のためというより、ふわっと跳ぶ感覚そのものを味わっていたのです。また、バーを越す動作の練習用に用意した2本バーの場にも子どもが集まりました。できるようになれば競争や達成の場に戻ると思っていたのですが、何度も行い、振り上げ足と着地の足が交替する"くるっと感"のようなものを味わっているように思えました。この二つの姿は、競争をしているグループ、達成を目指しているグループのいずれにも見られました。

　このような姿を筆者自身、それほど意味づけようとはしませんでした。なぜならば、めあて学習における競争や達成の手段でしかないと思っていたからです。しかし、この姿が、「運動の楽しさ」と「動きのおもしろさ」という授業の二方向を物語っていました。

ロイター板を使った跳躍

(4) 陸上運動系の運動の楽しさと動きのおもしろさ

　小学校の陸上運動系は、低学年「走・跳の運動遊び」、中学年「走・跳の運動」、高学年「陸上運動」からなります。『小学校学習指導要領　解説　体育編』の陸上運動系の内容には次の文言が記されています。

> 　仲間と競い合う楽しさや、調子よく走ったり跳んだりする心地よさを味わうことができ、また、体を巧みに操作しながら走る、跳ぶなどのいろいろな動きを身に付けることを含んでいる運動である。

> 　走ったり跳んだりする動き自体の面白さや心地よさを引き出す指導を基本にしながら、どのような力をもった児童においても競走（争）に勝つことができたり、意欲的に運動に取り組むことができたりするように、楽しい活動の仕方や場の工夫をすることが大切である。

> 　体を巧みに操作しながら，合理的で心地よい動きを身に付けるとともに，仲間と速さや高さ・距離を競い合ったり，自己の目指す記録を達成したりすることの楽しさや喜びを味わうことのできる運動である。

　「心地よさ」「動き自体のおもしろさ」「心地よい動き」が記されたことは画期的だと思います。

　「動きの心地よさ」は「動きのおもしろさ」と同じでしょう。では，陸上運動系における動きのおもしろさとは何でしょうか。高学年の陸上運動を例に考えてみます（「　」内は解説からの抜粋）。

- 短距離走：「素早く走り始める」「リラックスさせて全力で走る」
- リ　レ　ー：「減速の少ないバトンパス」
- ハードル走：「ハードルをリズミカルに走り越える」
- 走り幅跳び：「リズミカルな助走」「かがみ跳びから両足で着地」
- 走り高跳び：「リズミカルな助走」「はさみ跳びで，足から着地」

　子どもの様子や自らの運動体験から付け加えると，短距離走やリレー，ハードル走は，競争過程における「抜きつ抜かれつの競り合い」があります。また，走り高跳びと走り幅跳びには，ふわっとした跳躍感があります。走り高跳びにはバーを越える空中動作，走り幅跳びには反ったり戻したりする空中動作があります。こういったものが「動きのおもしろさ」でしょう。そして，競争や達成という「運動の楽しさ」と同様に，大切にしていく必要がある，ということになります。

(5) 授業改善の方向

　次の運動の領域は何でしょうか。
・無理のない速さでのかけ足を◯～◯分程度続けること。
・無理のない速さで5～6分程度の持久走をすること。
　ご存じのように，これは，体つくり運動の多様な動きをつくる運動（遊び）

（1～4学年）と体力を高める運動（5・6学年）の内容です。かけ足や持久走が「陸上運動」でないことをよく知らない教師もいます。その結果，かけ足や持久走を競争や達成の楽しさを中核にした陸上運動の長距離走として行っています。そして，かけ足や持久走嫌いを生んでいるのでしょう。

　ジョギング愛好者や市民ランナーは，好きなコースを選び，無理のない速さ，無理のない距離から走り始めて，徐々に速さを上げたり距離を延ばしていきます。走ることそのものが楽しく好きになったその先に，大会に出場して競争や目標達成を楽しみます。これこそ体つくり運動としてのかけ足と持久走が意図する内容と展開だと考えます。「動きのおもしろさ」から「運動の楽しさ」へという流れであり，陸上運動の授業改善の方向でもあります。

　陸上運動であれば競争や達成の「運動の楽しさ」を内容とします。そして，その楽しさを追求する過程において，「動きのおもしろさ」を味わえるように展開します。そうでないと，「体つくり運動」における「体を移動する運動」との違いが不明になります。学習としてのまとまりもなくなります。もっと言えば，「動きのおもしろさ（心地よさ）」を中核に据えながら，「運動の楽しさ（競争や達成）」を追求していくことがよい。まずはできることから始めます。とにかく動いてみます。慣れてきたら，少しずつ競争や達成といった方向性を示していきます。そのためにも，「運動の楽しさ」と「動きのおもしろさ」が相互に関連し合って深まっていく学習材づくりや場づくりの工夫が求められます（細江他編，2009）。多様なコース設定，ビニールパイプや段ボールで作った教具，ロイター板やウレタンマットを使った跳躍の場などが考えられます。そして，運動中どんな「感じ」なのかを問い，「気づき」を促します。また，「どん（踏み切り），ふぁっ（跳躍），とん（着地）」のように擬態語や擬音語を用いて動きを子どもに示す，といったことで「動きのおもしろさ」を味わうことができます。

　いずれにしても，「運動の楽しさ」や「動きのおもしろさ」，つまり，運動の特性は，子どもが自己・他者・モノとのかかわりの中で生成していくものであります。よって，固定的・実体的にとらえるのではなく，関係論的にとらえ，常に問い続けていくことが肝要でしょう。

（石黒和仁）

〈引用・参考文献〉
細江文利他編（2009）『小学校体育における習得・活用・探究の学習　やってみる　ひろげる　ふかめる』光文書院
石黒和仁（1998）「小学校体育における選択制授業の実践的研究～高学年に焦点をあてて～」『教育実践研究』第8集，上越教育大学学校教育研究センター

ちょっと一息

「"動きにくい"陸上運動」……えっ!?

　ハードルや障害物を越えて走ったり，踏み切って高くまたは遠くへ跳んだりする運動って，とても巧みな動きが必要になるのですが，子どもたちは，そんなに深く考えることなく，その場に応じて走り越えたり，走り跳んだりします。そのうちに，調子よく走ったり，跳んだりして，心地よい動きを見つけ出してきます。そんな，なんとなくやってのけている動きなので，「すごいことをやってのけているのだ」という意識をもたせるために，あえて「心地よさを遮る場」を設定してみませんか？　例えば，ハードルを置く距離をすべてバラバラにすると，リズムがとれなくなり，とても走りにくくなります。走り幅跳びでは，砂場に向かって踏み切る板を，踏み切りにくいスポンジや泥土に変えておくと，力強い踏み切りができなくなります。走り高跳びでは，50cmの高さのバーを跳び越すとき，1mの高さにもバーを設定することで，上のバーを落とすのではないかと気になり，高く跳びきれなくなります。このように，子どもたちの動きを制限し，不快感を与える動きにすることで，一定の距離で設置してあるハードルのよさや，硬い板や土で設置されている踏み切り板のよさ，設置してあるバーより高く跳ぶことができる空間のよさを実感することができます。少々荒っぽい学習方法ではありますが，「不快感を与える場」を体験することで，これまで学習していた場と比較し，自分の身体を調子よく動かしていることや，リズミカルな助走をしていることが，いかに心地よいものかと気づいてくれることでしょう。ところが，この不快感を与える場でも，何度か運動をしていくうちに，子どもたちはそれに合わせた動き方を身につけていきます。走りにくいのだけど，跳びにくいのだけど，以前ほどの不快感はなくなってくるようです。子どもたちの「場に順応する力」は，とても深く，おもしろいと思います。「不快感を与える場」を試してみてください。

（大橋　潔）

8 学習材（教材）開発はこうやって行う！

(1)「感じ」と「気づき」を大切にした学習材（教材）開発

　本項では「感じ」と「気づき」を大切にした陸上運動の学習材（教材）開発における基本的な考え方を述べます。それを踏まえ，次項では低学年・中学年・高学年で考えられる学習材開発についてさらに具体的に述べていきます。

　「感じ」と「気づき」を大切にした陸上運動の学習材開発において大切なことは，子どもたちにその運動のどんな感じを味わわせたいのか？　ということを教師が明確にとらえているという点です。

　この点は，従来の学習材開発でよく考えられていた「どんな力を付けたいのか？」という視点からの学習材開発とは考え方が大きく異なっています。「記録ありき」「技ありき」ではなく，子どもたちがその運動のおもしろい「感じ」を体感し，「もっとその感じを味わいたい！」と思わせることがこの学習材開発の大前提となってきます。

　子どもたちがその運動のおもしろい「感じ」を探求していくプロセスに学ばせたい技能が埋め込まれています。教師は子どもの動きを見取り，必要なときに技能指導を行ったり，意味づけを再構成させたりします。まずは，どの子にもこの思いを抱くことができるように子どもの視点に立って学習材開発を考えましょう。

　ところで，実際の授業では子どもの学びの姿を解釈しながら，子どもたちが味わっているおもしろさを共有するきっかけを演出したり，さらに深めていくためのアイデアを提案したりしながら学びの場を支えていきます。

　教師は前面に出なくとも，子どもの学びを屋台骨として支えているのです。見えざる手を出し，子どもたちの学びを導いているとイメージしてください。

　また，授業に綿密な計画がありますが，柔軟な姿勢で授業に臨んでいただき

たいです。教師は授業中の子どもの姿や運動のおもしろさに共感しながら，子どもたちを運動のおもしろい世界に誘い込むという重大な役目を背負っています。そこを念頭に置きながら，授業を行っていただければと思います。

　その意味でも，指導案はあくまでも「下書き」(岩川, 2000) だととらえてください。「清書」でもなければ「白紙」でもありません。指導案に縛られるのでもなく，実際の子どもの姿を見て，それに寄り添いながら授業を実践できればと思います。

　それでは，学習材開発の流れについて述べていきます。第一に，子どもたちに探求させたいその運動のおもしろさを考えます。これが学習材開発の軸になってくるところです。子どもたちの身になって考えます。ときには実際にその運動を行ってみることもよいでしょう。そこで，見えてきたことや感じたことをシンプルに表してください。留意していただきたいことは，できるだけ平易な言葉を使うことです。難しい言葉を使うと，かえってわかりにくくなってしまいます。また，あれもこれもと欲ばって考えるのもやめましょう。筆者はできるだけ，絞って考えるようにすることを心がけております。

　次は子どもたちが動きのおもしろさを「感じる」ための教師の工夫を考えます。これは，先ほど述べた探求させたいおもしろさを「感じる」ための具体的な手立てです。

　はじめは思いついたことを羅列していってもよいでしょう。その中で，効果的だと思ったものを採用していけばよいのです。また，採用しなかったものも書き残しておくとよいでしょう。もしかしたら，単元の途中で使ってみようかなと思うことがあるかもしれません。

　おもしろさを「感じる」ための工夫について考えたら，それを「気づき」として意識化へ促す手立てを考えます。これは発達段階でも変わってきます。子どもたちが運動を行って振り返りを行わずに授業が終わってしまっては，子どもが学びの深まりを感じられにくい授業になってしまうでしょう。

　そのため，「どんなふうに行ったからおもしろかったのか？」「どのような（動きや場などの）工夫をしたら気持ちよく行えたのか？」などといったこと

を問いかけ，子どもが振り返るものがあるとよいと思います。子どもは振り返ることで自分なりに本時の学びの意味づけをしたり，次のめあてにつなげたりします。

あとは，どのようなことを行っている子どもをほめたり，全体に紹介したりするのかといったことや，どのような姿が見られたら新たな手立てを講じるのかといった見通しをもつことです。それが本書の学習プランの「4　学びを見取るための視点」にもなってきます。

本書に書いてある視点を参考にしながら，その学級の子どもに合ったものを作成してください。それが子どもの姿を具体的にイメージする補助になります。

このようにして学習プランを考えながら，単元全体の流れを構想していきます。全体を通して軸となってくることは「子どもたちに探求させたいおもしろさ」です。このことに立ち戻りながら学習材開発ができると，子どもたちが運動のおもしろさを体感しやすくなるといえるでしょう。

ところで，陸上運動系の領域は小学校1年生～6年生まですべての学年で行われています。小学校6年間を通して，動きの「感じ」と「気づき」を大切にして授業づくりを行うことは変わりませんが，各発達段階によって授業づくりのスタンスが若干変わってきます。

ここの考え方の違いに気をつけながら，次項の低・中・高学年の学習材開発を読んでください。

(2) 低学年

低学年の子どもたちは客観的に自分の運動を分析する力が未分化です。また，スキャモンの発育曲線（立木他編，2009）によると小学校期は神経系統の発達が盛んな時期ではありますが，筋肉や循環器などの一般型の発達はゆるやかで，中学・高校期に盛んに伸びると考えられています。そして，神経系統の発達に呼応して小学校中学年から高学年にかけて調整力が伸びるといわれています。筋力もまだ未分化な状態が低学年期の発達段階の特性と押さえることができるでしょう。

このように体のさまざまな面の発達が未分化な低学年期の子どもたちにはいろいろな運動を通して，体を動かすおもしろさにであうことができる授業づくりが求められます。

　低学年の走・跳の運動遊びでは『小学校学習指導要領解説 体育編』（文部科学省，2008）に「走る・跳ぶなどについて，仲間と競い合う楽しさや，調子よく走ったり跳んだりする心地よさを味わうことができ，また，体を巧みに操作しながら走る，跳ぶなどのいろいろな動きを身に付けることを含んでいる運動である」と述べられています。

　ここでは競い合う楽しさや，その運動を行うこと自体の心地よさを味わうことができる運動であるということがふれられています。このことが，走・跳の運動遊びのおもしろさとしてとらえられます。加えて，それらの学習を通していろいろな動きを身に付けることができる運動であると述べられています。

　その意味では，前述したように子どもたちがその運動のおもしろい「感じ」を探求していくプロセスに学ばせたい技能が埋め込まれていると解釈することができます。

　また，低学年の子どもたちの動きについては，「動きのレパートリーを増やしていくこと」や「無駄な動作を少なくし，動きの質を高めること」（東根，2007）が大事な視点として強調されています。このような発達段階にいる低学年の走・跳の運動遊びの学習材開発で重要なことは「いろいろな動きでプレイする」ということです。

　この時期だからこそ，さまざまな体の動かし方を楽しめる時期でもあり，さまざまな体の動かし方への興味も大きい時期なのです。したがって，教師はいろいろな動きが発生してきそうな授業づくりが求められてきます。

　ところで，低学年の走・跳の運動遊びの単元の導入時はできるだけシンプルなルールや活動の場を用いて授業をスタートします。当然，教師の説明も必要最低限のものです。子どもたちの「動きたい！」という欲求を満たしつつ，大切なことを伝えるには言葉だけではなく，子どもたちが見てわかるものを提示して話すことも効果的といえるでしょう。

なぜ単元の導入時にシンプルなルールや場を用いるのかというと，シンプルなほど子どもたちの創意工夫の余地が大きいからです。はじめからつくり込まれていると，子どもたちの創意工夫の余地が入り込みにくいものです。皆さんも想像してみてください。立派なテーマパークなどに遊びに行くと「このようにして遊ぼう」と思い，遊び方を工夫することは少ない（むしろできない）かと思います。しかし，近所の公園だと「もっとこういうふうにして遊ぼう」という工夫の余地が大きいと思いますし，近所の公園では自分たちで遊び方を工夫していかなければ夢中で遊びにくいかもしれません。それと同じなのです。
　はじめからつくり込まれたものを見せられると，なかなかそれをくずしたり，そこから離れたりすることが難しいのです。教師としてのアイデアはもっていると思いますが，それをはじめから前面に出しすぎることは控えていたほうがよいです。
　それよりもむしろ，子どもたちの学びの様相を見て，教師のアイデアを出していくほうが子どもにとっておもしろい授業になると思います。そのようなスタンスで授業を行っていると，より子どもの学んでいる姿を見るようになりますし，教師自身のアイデアを精査するきっかけにもなります。
　このようにして，子どもの思いと教師の思いが乖離するようなことがないように授業を進めていただきたいと考えております。
　低学年はお店屋さんごっこといったワークショップ形式の学習を特に好みます。ワークショップ形式の学習で，友だちがつくった遊びを楽しむ活動を通して，自分たちのグループでは味わえなかったおもしろさを味わうことが期待できるでしょう。
　低学年のワークショップ形式の学習で留意していただきたいことは子どもたちに「何がテーマになっているのか？」ということを意識させることです。これは年齢が低いほど，おもしろさに引っぱられ，テーマからそれてしまうことが危惧されます。
　教師としては，授業中にテーマへの揺り戻しを特に意識する必要があります。どのようにして本来ねらいたいことへ子どもたちの意識を揺り戻していくのか

ということです。これを学習材開発する際にイメージしておくとよいと思います。

　テーマへの揺り戻しは教師の発問，称賛，参加などが考えられます。これをどのように行うのかといったことを具体的にイメージができていると，うまく子どもたちの意識をテーマへ揺り戻していけると思います。

　ところで，先ほども述べたように，授業では子どもたちを運動のおもしろい世界に誘うことが重要です。子どもたちが夢中でプレイしていると自然と挑戦課題を難しくしてきます。挑戦課題が難しくなってくると体を動かす所作も洗練されてきます。これはごく自然なかたちで子どもたちの中から発生してくることがあります。

　なかなか，発生してこないようでしたら，それはプレイが足りないのです。もっともっと子どもたちをその運動のおもしろい世界に誘うのです。そのリーダーは教師が務めてよいのです。なかなか思うように学びがひらかないグループがあったら率先して教師がそのグループの活動に参加してください。

　そこに意図的に教師がもっているアイデアを行動で見せたり，言葉で提案したりしてもよいのではないでしょうか。それが臨機応変に授業中にできるかどうかは，はじめのプランニングにかかってきます。つまり，学習材開発のときにどのように子どもの学びの姿をイメージしておくかということです。そのイメージができていれば授業中に教師の参加を通して，子どもの活動を変えていくことができることでしょう。そこにも，学習材開発の重要さがあります。

(3) 中学年

　中学年の子どもたちは「筋の調整力が著しく発達し，また認知的理解も進みルールに従った運動ができるようになるため，少しずつ複雑な運動に挑戦し，運動が意識的に制御できる」(大貫，2002) ようになるといわれています。

　したがって，低学年の頃の学習を生かし，さらに複雑な運動への挑戦が考えられるでしょう。しかし，ここで気をつけたいことは認知的な高まりがあるものの，認知的な学習が前面に出てくるような授業は避けたいものです。高学年

ほどには，自らの運動を客観的に考え行動に移していく力は未分化だからです。

　急速に調整力が発達する時期を迎える中学年の子どもたちには主に体を巧みに動かすように働きかけることが望まれます。したがって，低学年と同様に，さまざまな運動を通して，体をいろいろに動かすおもしろさにであわせることが大切となってきます。

　例えば，小型ハードル走を行うとします。小型ハードル走では，インターバルの距離や小型ハードルの高さや数など工夫の余地が多岐にわたります。教師が決めたインターバルや高さなどに固執するのではなく，走るコースや小型ハードルの置き方など子どもたちに工夫をさせ，さまざまに跳び越えていく「感じ」のおもしろさにであわせたいものです。

　技能について小学校学習指導要領（文部科学省，2008）の文言をヒントにして，低学年と中学年の違いを述べます。

低学年　「技能」
ア　走の運動遊びでは，いろいろな方向に走ったり，低い障害物を走り越えたりすること。
イ　跳の運動遊びでは，前方や上方に跳んだり，連続して跳んだりすること。

中学年　「技能」
ア　かけっこ・リレーでは，調子よく走ること。
イ　小型ハードル走では，小型ハードルを調子よく走り越えること。
ウ　幅跳びでは，短い助走から踏み切って跳ぶこと。
エ　高跳びでは，短い助走から踏み切って跳ぶこと。

　上の表は小学校学習指導要領の各学年段階の「(1) 技能」の抜粋です。文言を比較して中学年で印象的なのが「調子よく」です。これが高学年になると「リズミカル」という言葉に変わります。つまり，思いきり体を動かして楽しんでいた低学年から，動きのリズムに着目し始める時期だととらえられます。そし

て，中学年の「気づき」を生かして，高学年では認知的な側面も促しながら「リズミカル」な動きが求められてくるのです。

その意味では，各種運動の「調子」や「リズム」といったことに着目したおもしろさから授業づくりをしていくことも可能かと思いますし，子どもへの声かけもそれを意識することもよいかと思います。

学習指導要領でも書かれていますが，「それぞれの運動を楽しく行うことを大切にしながら動きや技能を身に付けることを重視したもの」にしていただきたいです。繰り返し述べますが，「動き方」や「記録」ありきの陸上運動の授業ではなく，「感じ」と「気づき」を大切にした授業づくりを目指していただきたいと思います。

中学年の子どもたちは発達段階の特性上，ぶつかり合うことが多く見られることでしょう。しかし，これをマイナスにとらえるのではなく，体育の授業だからこそ，「感じる」ことを大切にして，体を動かし，友だちと取っ組み合って自分たちの活動をさらにおもしろくしていくという学びを大切にしていただきたいです。

走・跳の運動の動きのおもしろさにであい，そこで友だちとさらに活動をおもしろくしていくというプロセス，それ自体に教育的価値が大きいのです。

中学年で求められるものは，体をさまざまに動かすことにプレイをさせ，それをもとにグループごとに創意工夫させていくという考え方です。

認知面の発達と既習経験から，低学年の頃より一層活動の場やルールをダイナミックに変えるようになるでしょう。場やルールを変えることで動きもまた複雑になっていくと思います。その複雑になっていく過程に，体をさまざまに動かす「感じ」のおもしろさや技能といったことが埋め込まれていることでしょう。

ここで留意していただきたいことは，テーマに沿っているかということと活動の安全性です。

低学年でも述べたように，子どもたちに創意工夫させて活動させる場合に最も気をつけたいことはテーマとのかかわりです。子どもたちにとって「やりた

いことは何でもよい」というものではありません。教師の意図があり，授業が構成されているのですから，子どもたちにテーマを意識させていきます。

したがって，子どもたちにテーマを意識させるにはどのような手立てを講じていくのかというプランがなければなりません。

それは，テーマに沿った活動をしているグループを紹介したり，よい動きや工夫を称賛したり，「どんな感じがするか？」などと発問したりしながら，子どもたちの意識をテーマへ揺り戻していきます。授業におけるテーマは，その運動でふれさせたいおもしろさとつながっているものなので，テーマに沿うということはすなわち，ふれさせたいおもしろさにつながっていくと考えられます。

また，活動の安全性については，よく子どもの動きを見て，盛り上がってくるほど危険な動きもあらわれてきます。子どもの活動を教師はどこまで許容し，どこからは危険と判断し修正させていくのかということを見極めながら授業を展開していくことが求められます。

中学年は動きの「感じ」をより実感できるようになってくる発達段階でもあります。そこで，「何がおもしろかったのか？」「どんなふうに行ったからおもしろかったのか？」「どんな感じがしたのか？」などといったことを振り返る機会を設け，「気づき」を促していきます。

この「気づき」によって，自らの運動に意味づけしたり，次時へのめあてをもったりします。ここに「感じ」と「気づき」が行ったり来たりする往還関係ができ，「感じ」と「気づき」が往還することによって，場が複雑になったり，動き方が変化したりします。結果として，体を動かす所作が洗練されてくると考えられます。

当然，ノープランでこのようなことは目指されません。教師が見通しをもち，テーマへどのように揺り戻しながら子どもたちの学習を展開させていくのかというイメージがなければうまくいかないのはいうまでもありません。

一般的に授業の終末に「気づき」を促す教師からの働きかけが考えられますが，終末だけではなく，活動の中に教師がどんどん参加し，発問して子どもた

ちに「気づき」を促していきたいものです。

　実際に筆者は，子どもたちの活動に参加し，共に体を動かしながら，子どもに発問したり，自分の感想を述べたりしながら「気づき」を促していきます。

　また，何か学習カードのようなものに書くことで「気づき」を促したいという方法もあるのもしれませんが，筆者は自ら動いて「気づき」を促すということを実践しています。

　それは，授業の終末で子どもを集めたときに，本日のテーマに関する問いを発し，振り返らせます。振り返りが終わったら，もう一度，自分の「気づき」をもとに子どもたちに動いてもらい，終わらせるようにしています。

　走・跳の運動でも，もう一度，自分たちの活動の場へ戻り，自分がいちばんおもしろいと感じたことや心地よく動けたことを再び行うことを通して，自分の学びをまとめるということが考えられます。

(4) 高学年

　小学校後期の5・6年生の子どもは運動に対する認知的な側面が発達してきます。この時期の子どもたちは事物を言語記号によって把握したり，表現したりすることが可能になってきます（東根, 2007）。したがって，言葉を通して他者と交流することが有効になってくる時期といえます。

　また，低学年の走・跳の運動遊びや中学年の走・跳の運動で身に付けた動きやその動きの組み合わせをもとに活動できるようになってくることが予想されます。子どもたちには既習の動きを土台として，さらにその運動のおもしろさに向けて探求していくことが求められます。

　授業を行う子どもたちがどのような既習経験があるのかということを見極める必要があります。いわゆる実態把握です。通常の単元構成では1時間目にオリエンテーションを行います。ここでは，授業のねらいや行い方などを伝えますが，子どもたちの実態が把握できていない場合（担任持ち上がりの学級でなければ多くの場合は事態把握が不十分な状態といえます）は子どもたちの動きと志向性を見たい時間となります。

単元がスタートするまでに教師が立てた学習プランはあくまでも机上の空論でしかありません。目の前で動く子どもたちの姿を見て，初めてその志向性などがわかるものです。第１時間目の子どもたちの姿を見て，柔軟に単元構成を修正する心構えがあることが望ましいといえるでしょう。

　子どもたちにとって，運動する意味をもって参加するためには子どもたちの実態と教師のやりたいことをすり合わせていく必要があるからです。教師にとっても，子どもたちの姿から「感じ」，「気づく」ことが大切なのではないでしょうか。

　高学年の子どもたちも活動を思いきってプレイすることや，自分たちの活動を創意工夫してひろげていくことは中学年までと同様に重要です。そして，行う運動のふれさせたい動きのおもしろさを重視し，それに向けての教師の工夫が求められることは大前提となります。それに加え，中学年までと違い，これからの生活の中で自分の体を見つめ，運動を実践していく実践者を育てるという視点から認知面も配慮していくことが加わってくるのです。

　筆者が高学年の陸上運動の授業を実践している中で，高学年だからこそ重視していることは「認知面」へのつなぎです。「感じ」と「気づき」を大切にして授業を展開していることは中学年までと同様ですが，「気づき」を認知面へと向けていきます。それは，高学年という発達段階から考えられる特有の性格です。

　子どもたちは運動を通しながら，自分の体に関心をもち，自分の志向性や技能に応じて運動に取り組めるようにしていきたいものです。

　子どもたちは運動に参加しながら知的側面からも求められる動きを考えていきます。教師はどのような活動にしていきたいのかという見通しをもちながら，子どもたちの動きを見取り，よりよい参加へと誘っていきます。そのため，どのような「感じ」を味わわせたいのか。そのためにはどのような動きを発生させるのかといった授業のイメージをもっておくことが求められます。

　ここでは，子どもたちに「今，求められていることは○○だから△△のようにしたらいいのではないか？」というように，理解をした上で学習に取り組ま

せたいものです。

　言葉を介してのコミュニケーションが巧みになってくるこの時期はこれまで以上に子どもが活動をつくっていくことの比重が大きくなってきます。この時期だからこそ，自分たちで自律的に学習を組織していくことができるでしょう。

　ただし，子どもたちに任せっきりではなく，教師がそれとなく，子どもたちの活動を教師が求めたい方向へ導いていくことが大切なのです。これはテーマをどのように提示していくかということと深くつながっています。

　高学年では動きのおもしろさにもふれ，さらに運動の行い方も理解しながら，結果として，その運動における体の動かし方の所作が洗練されていくことに結びついていくような学習材開発が求められてくるでしょう。　　　　（成家篤史）

〈引用・参考文献〉
岩川直樹著（2000）『総合学習を学びの広場に』pp.95-98，大月書店
立木正・新開谷央・菊幸一・松田恵示 編（2009）『小学校 体育科授業研究 第三版』pp.12-18，教育出版
文部科学省（2008）『小学校学習指導要領解説 体育編』pp.15-70，東洋館出版社
東根明人（2007）「体つくり運動を低学年から扱うことの意義とは」『体育科教育』5月号，pp.22-25，大修館
大貫耕一監修／執筆（2002）『体育科の重点教材指導アイディア集』pp.36-37，小学館

9 「陸上運動」における指導上の留意点5か条!

> その1　「運動固有のおもしろさ」を明確にした学習計画を立てよう
> その2　「走る」「跳ぶ」の感じを味わう学習内容を提示しよう
> その3　客観的な勝敗や記録にとらわれない学習観をもとう
> その4　客観的な勝敗や記録にとらわれない場・学習形態を工夫しよう
> その5　学び合いをコーディネートする支援を心がけよう

その1　「運動固有のおもしろさ」を明確にした学習計画を立てよう

　学習計画は，各学年の系統性を考慮しながらも，中心に据える内容は子どもたちに味わわせたい「運動固有のおもしろさ」です。そこで，まずその運動固有のおもしろさを文化的価値や運動の構造といった側面から十分に調べ，味わわせたい「走る」「跳ぶ」のおもしろい感じを各学年の発達段階に応じて明確にしておくことが必要でしょう。ただ，気をつけなければならないのは，「感じ」るおもしろさが，「感じなければならない」おもしろさとなると，学習が硬直化し，「からだ」がひらかれない活動になってしまいます。

その2　「走る」「跳ぶ」の感じを味わう学習内容を提示しよう

　陸上運動でも，単元全体や毎時間の中で何を学んでいくか。つまり，どんな運動のおもしろさを感じ，気づいていくのか，その方向性を示すことが大切です。そこで，各単元・各時間の中で思いっきり動くための学習内容の提示として，学習計画の系統性を基本に「走る」「跳ぶ」のテーマを設定しましょう。

　ここでは，「走る」「跳ぶ」ことを楽しむという大テーマでなく，固有のおもしろさにふれるテーマを提示することです。系統的なテーマであれば，学年が

上がるにつれ，その動きを多方面から楽しめたり，動きを絞り込んで楽しんだりと楽しみ方や動きの発展が期待できると思います。

その3　客観的な勝敗や記録にとらわれない学習観をもとう

　これまでの陸上運動では，勝敗であったり，「どれだけ速く・遠くへ」に注目した記録向上だったり，客観的な結果を基準としたおもしろさにふれることを目的とする傾向がありました。これだけでは，運動固有のおもしろさを十分味わえません。また，子どもたちを外側からの様子のみで評価することになります。「走る」「跳ぶ」ことのおもしろい感じを追求していくことで，自然と競争（勝敗）・克服（記録）へのおもしろさにもひろがることでしょう。まずは，客観的な結果にとらわれない学習観に立って授業を実践してみましょう。

その4　客観的な勝敗や記録にとらわれない場・学習形態を工夫しよう

　「感じ」や「気づき」を大切にした授業づくりでは，活動の場の工夫や学習形態の工夫は重要な役割を果たします。競技的なおもしろさを感じさせるには，場の様子から体の動きが導かれ，そこから感じたことを心地よく楽しめるような場を工夫することです。さらに，子どもたちが動き方を共有し合える学習形態を工夫すると楽しみ方を分かち合えるでしょう。一人の楽しみが友だちとのかかわりによって楽しみ方がひろがり，場のひろがりにもつながっていくことでしょう。

その5　学び合いをコーディネートする支援を心がけよう

　教師の支援は，子どもたちの動きの「感じ」を「気づき」へと橋渡しする重要な役割です。子どもたちが今「感じ」たことをすぐに教師は聞き取り，動きの心地よさ・不自由さを視点を変えて問い返して，動きを再構築させていくのです。決して動きの矯正ではなく，子どもたちが自ら新たな動きの「感じ」を模索するのです。それは，すなわち動きへの「気づき」となるのです。このときこそ，教師の専門性を発揮するチャンスでもあります。

（田中勝行）

あ と が き

　小学校では新学習指導要領が本格実施され，各学校では改訂の要点にある「系統性」を意識した授業づくりに取り組まれていることと思います。陸上運動は走・跳に分類され，「系統性」がとらえやすい運動であると思われます。しかし，ただ単に速く走れるようになればよい，高く，あるいは遠くへ跳べるようになればよいととらえてしまうと，運動が苦手な子どもや記録が伸びなくなった子どもは，学習意欲が減退するでしょう。

　私たちが今まで行ってきた陸上運動の学習は，「仲間と競争することが楽しい」や「目標記録を達成することが楽しい」という運動の機能的特性に向かって，各自がめあてをもつ課題解決学習（めあて学習）のスタイルで学習に取り組ませてきました。体力差がある子ども同士でも競争が成立するように，走力や身長から得点化をするなどの工夫をして授業づくりをしてきました。しかし，「競争」「達成」ありきや，ステージ型やスパイラル型などの学習過程の「型」が先行してしまい，運動の本来もっている構造的なおもしろさがなおざりにされてしまった感もあります。

　「感じ」と「気づき」を大切にした授業づくりの執筆にあたり，コンセプトを共有するために，執筆者会議を数回開きました。運動の特性をどうとらえ，何を中核に据えるかによって，授業は大きく異なってきます。運動の特性を問い直すことは，子どもと運動の関係を問い直し，授業改善を図ることになります。本書の編者・執筆者は，これからの体育学習は，改訂の趣旨に「運動の特性（楽しさ）や魅力（おもしろさ）」とあるように，運動を成り立たせている特有の「動きのおもしろさ（心地よさ）」に着目し，テーマ探究型の学習へと転換をする必要があると共通理解をしました。教師が「していく」授業から，子どもが「なっていく」授業への転換です。

　しかし，会議では編者が理論的に説明しても雲をつかむような話で，執筆者はどうすればよいのか戸惑い，具体的にどう授業づくりをしていけばよいのか，

あとがき

　教師はどうかかわればよいのかなどの具体的な方法が見えづらく，限られた会議の時間ではなかなか結論は出ませんでした。その後の懇親会でも熱く議論し，自分が正しいと信じて行ってきた体育学習を振り返り，パラダイムシフトするには時間と勇気がいると感じたことを思い出します。

　その後，執筆者の間では，メールで情報交換をしたり，原稿を何度もやりとりしたりしました。授業を進め，原稿を作っていく中で，せっかく実践したのだから，学習会を開かないかという気運が高まり，ゴールデンウィークを利用して，陸上運動の執筆者が仲間を連れて東京に集まり，授業を提案し協議会をもつという学習会を開いてしまいました。

　学習会では，授業づくりのコンセプトをまず説明する段階からスタートしました。具体的な子どもの学びを紹介する段階では，参加した先生方には共感をもって聞いていただき，最後には「自分でも実践してみたい」という感想が多く述べられました。

　書籍づくりを通して，他県の多くの先生方とであい切磋琢磨できたことは，私にとって貴重な財産になりました。このつながりは，今も発展し続け，情報交換できるコミュニティが形成されました。こんなつながりをつくっていただいた東京学芸大学の故・細江文利先生，鈴木直樹先生に感謝をいたします。

　本書には，「こんな授業，あり？」と思われる型破りな（？）実践も載っているかと思います。しかし例えば，跳の運動の「ふわっとした跳躍感」という動きのおもしろさに着目すると，子どもたちが動きのおもしろさを十分味わっていることがわかると思います。「動きのおもしろさ」から「運動の楽しさ」へとつなげていく道筋が示されています。「正しい跳び方を身に付けさせ，より高く，より遠くへ」という教師の固定観念を破り，「正しい跳び方って本当にあるの？」「子どもたちは何をおもしろがっているの？」という原点を見つめ直す再出発が，こうした実践において，授業を変える原動力になっています。

　「運動の意味を生成させる授業づくり」は，「技の獲得」という結果を目標にするのではなく，「運動とのかかわり方」という過程を学び，その結果として技能が身に付くというゴールフリーな「過程重視」の考え方です。ハードル走

を例にあげますと，ハードルに工夫を凝らし，ハードルを走り越す技術の習得を重視する学習をよく見ます。しかし，ハードル走のおもしろさは，「3歩のリズムの心地よさ」にあると考えるとどうでしょう。子どもたちはインターバルの違うコースでの試行錯誤が始まり，自分の走力に合ったインターバルのコースを見つけて「3歩のリズム」を楽しむでしょう。「より長いインターバル（より高いハードル）でも『3歩のリズム』で走れるかな？」の教師の問いに，効率的なハードリングを必要とする意味が生まれ，どんなハードリングがよいかの必要性が出てきます。ハードリングは手段であって，目的ではありません。ベースに流れるテーマは「3歩のリズムの心地よさ」なのです。「3歩のリズムの心地よさ」を味わうためには，インターバルが同じでないハードルのコースを走ったり，直線でないハードルのコースを走ったりするなどの「動き崩し」をすることで，直線的で同じインターバルのコースの心地よさを，より実感することができるでしょう。

　ただし，「感じ」と「気づき」を大切にした授業づくりを，「そうか，子どもに試行錯誤をさせ，ゆだねていけばいいのか」ととらえてしまうことには危険があります。やらせっぱなしの「放任の授業」になりかねません。本書の4章に収載した各実践の「学びのあしあと」からは，教師が子どもたちの動きや思考を見取り，テーマに向かうようにかかわり・導く姿が読み取れると思います。ここには，環境を整え，子どもたちに試行錯誤させながら，子どもたちの「いま-ここ」の状況と文脈を的確に見取る教師の目があるのです。

　本書の前半には「運動の意味を生成させる」理論がわかりやすく説明されています。この理論をベースに，実践編の授業を参考にして，「感じ」と「気づき」を大切にした授業に取り組まれることを期待します。

　なお，本書では，授業実践者の目線からの作成を心がけているため，多くの場面で現職の先生方のご協力をいただいて作成いたしました。より実践的な書籍づくりを目指し，多くの現場の声を取り入れようと考えました。下記の先生方の協力によって，よりよい内容となったことを，この場を借りてお礼申し上げます。

あとがき

〈校正等協力者の先生方（敬称略）〉
　　大澤　由紀（鳩山町立今宿小学校）
　　神崎　芳明（千葉市立泉谷小学校）
　　小島康二朗（飯能市立富士見小学校）
　　柏原　永知（府中市立上下南小学校）
　　宮澤　暁生（木島平村立木島平小学校）

　最後になりましたが，本書の編集にあたっては教育出版の阪口さんに大変お世話になりました。こだわって作成してきた書籍だけに，執筆者会議も多く，執筆者も多く，自由度の高い原稿の編集にあたっては大変なご負担をかけたと思います。阪口さんが読者の目線でアドバイスしてくださったおかげで，本書は，自信をもって世に送り出せるものになったと思います。心より感謝申し上げます。

（編者：濱田敦志）

動きの「感じ」と「気づき」を大切にした
陸上運動の授業づくり

2012年3月20日　初版第1刷発行
2017年2月1日　初版第2刷発行

| 編　者 | 細江文利　鈴木直樹
成家篤史　田中勝行
寺坂民明　濱田敦志 |

発行者　山﨑富士雄

発行所　教育出版株式会社
〒101-0051　東京都千代田区神田神保町2-10
電話 (03)3238-6965　　振替 00190-1-107340

Printed in Japan　　　　　　　　　組版　シーガーデン
落丁・乱丁はお取替えいたします　　印刷　神谷印刷
　　　　　　　　　　　　　　　　　製本　上島製本

ISBN978-4-316-80230-5　C3037